歌う歓び、生きるよろこび

シャンソン
カンツォーネ
ラテン

増補版

永田文夫 訳詩集

はじめに

　1927年（昭和2年）9月、4000人収容の宝塚大劇場で、本邦初のレビュー「モン・パリ」が、宝塚少女歌劇団花組によって幕を開けた。この舞台は雪組にバトン・タッチされ、翌年には月組が受け継いでロング・ランをつづけ、岸田辰弥の訳詩による主題歌「モン巴里」のレコード（昭和4年11月発売）もベスト・セラーを記録、日本でヒットした最初のシャンソンとなった。

　私が大阪で生まれたのも、「モン・パリ」が初演された昭和2年だった。あるいは、将来シャンソンにとりつかれ、訳詩を手がけるように運命づけられていたのかも知れない。それかあらぬか、幼い頃から音楽が好きだった。手回しの蓄音機で78回転のレコードを聴いた。もちろんほとんどが童謡だったが、その中にシャンソンが紛れ込んでいた。古川ロッパが歌う「モン・パパ」である。これは昭和5年に制作されたフランス映画「巴里っ子」で、主演のジョルジュ・ミルトンが歌ったコミック・ソングだが、翌6年に宝塚のレビュー「ローズ・パリ」に使われ、映画の日本公開（昭和7年）とともに流行した。小学生の息子が、聞き覚えで「うちのパパとうちのママと…」と歌うのが自慢だった父親は、しばしば宴席の余興に引っ張り出しては披露させ、本人だけがご満悦だった。

　住吉中学校ではハーモニカ・バンドに入ってバリトンを担当した。大阪高等学校では音楽部に入ってヴァイオリンを習った。その頃の日本では、シャンソンがブームになっていて、金色夜叉の貫一よろしく、高下駄を履きマントをなびかせ、「パリ祭」などを原語で歌って練り歩くのがステイタスだった。だが、戦火が迫り、音楽どころではなくなってしまう。兵隊にはなりたくなかったので、とりあえず京都帝国大学の工学部に入った。理工系の学生には、徴兵延期の特典があったからである。

　ふたたびシャンソンに接したのは戦後になってからのこと。1952年（昭和27年）に、当時在住の京都で、同好の士を集めて「京都中南米音楽研究会」と「シャンソン友の会」をたち上げた。たまたま同年、これまでクラシック一辺倒だった大阪労音（労働者音楽協議会）がポピュラー部門を新設することに

なり、その事業部委員に招かれた。この時の企画のひとつが、芦野宏の初リサイタル「アルゼンチン音楽の夕べ」だった。1953年（昭和28年）のことである。同じ頃、ラジオ京都（現 京都放送ＫＢＳ）のアナウンサーになった弟の肝入りで、父の稼業（出版）を手伝いながら、音楽番組を構成し、台本を書いた。

　1955年（昭和30年）の末、「出版業は神田でなくっちゃ」などと父親を言いくるめて、京都から東京へ移る。解放感にあふれて没頭したのはやはり音楽の道。翌年には八重洲口にあったナショナル・ショウルームの依頼で、毎月シャンソンのレコード・コンサートを開き、ＤＪをつとめた。2～3か月後、思いがけない手紙を受け取った。差出人は駿河台下で喫茶店「ジロー」を経営する沖広治という人だった。今にして思えば、この一通の手紙が、その後の人生を決定づけることになる。

　「一度会いたい」という文面に従って店を訪ねると、たちまち意気投合、シャンソンの雑誌を作ろうという話になった。善は急げとばかり、有限会社「シャンソン社」を設立して、1957年（昭和32年）1月号から月刊誌「シャンソン」を発刊。向こう見ずというか猪突猛進というか、それだけの資金があるはずもないので、全額沖氏が出してくれた。その代償として、長年蒐集したシャンソンのレコードを、すべて「ジロー」に譲り渡し、お茶の水に移った同店は、ファンのメッカとして全国に名を馳せた。

　当然のことながら、期待を裏切られた父は烈火のごとくに怒り、勘当状態となる。そんなことはお構いなしに、銀巴里に通いつめた。捨てる神あれば拾う神ありで、幸いレコード会社からお呼びがかかって、レコードのライナーズ・ノートを書いたり、歌詞カードの対訳をしたり、結構仕事が舞い込んだ。

　昭和32年のある日、「紹介したい歌手がいるから、すぐ来てくれ。」と沖氏から連絡が入った。「ジロー」の事務室へ行ってみると、そこにいたのが岸洋子。二期会でオペラを歌っていたが、心臓を患って断念し、シャンソンに転向するという。彼女は翌年「銀巴里」にデビューし、私はさっそく「シャンソン」誌に紹介記事を書いた。それからわずか数カ月後、岸洋子はキングレコードの敏

腕ディレクター、牧野剛氏にスカウトされる。

　その頃、銀巴里に出演中の女性歌手神長まさみから、「暗いはしけ」に日本語歌詩をつけてほしいと頼まれた。それまでに原詩の対訳は数多く手がけてきたが、歌えるように訳すのは初めてのことだった。おそるおそる書いてみると、いろいろ新しい発見があった。訳詩は対訳とは違って、逐語訳ではどうにもならず、ほとんど創作に近いことも知った。それだけに、自分の作品が銀巴里のお客の前で歌われる時は、歌い手以上に緊張して、心臓が破裂しそうになった。同時にかつてないほどの快感も味わった。以降訳詩の魅力にとりつかれ、手当たり次第に訳してみた。乞われるまま、コピーも取らず歌い手に渡した。こうして数々の訳詩が、歌われたり歌われなかったりで、いつの間にか消えてしまった。

　私の訳詩が初めて形になって残ったのは、30作目あたりの「初めての日のように」。1960年にオランピア劇場のシャンソン・コンクールで、ジャクリーヌ・ボワイエが歌い、第2位に入賞した歌である。訳詩の依頼主は福本泰子。書き上げて渡すと、クレームをつけられた。歌詩の中の「死んでしまう」という表現が、シャンソンに向かないから書き直してほしい…とのこと。いや、このほうがインパクトがあっていいのだと押し通したけれど、たしかにその当時の歌には「死ぬ」などという言葉はほとんど使われていなかったし、ましてや純情可憐タイプの彼女には、そぐわなかったかも知れない。それ以来、特定の歌い手に頼まれて書く訳詩は、その人の声の特徴や雰囲気を、考慮しながら訳すようになった。

　この「初めての日のように」を、果たして福本泰子が歌ったのかどうかは覚えていないが、翌1961年、レコード・デビューして間もない岸洋子が録音してくれた。前述のとおり、58年に新人紹介の記事を書いて以来親しくなった彼女は、その頃須藤という男性といっしょに暮らしていた。彼は大阪の関西テレビのアナウンサーだったが、岸洋子に惚れ込み、職を辞して上京したのである。いささか淋しがり屋らしく、彼女が仕事で地方へ出かけたりすると、決まっ

て電話をかけて来た。四谷の「ホワイトホース」というバーに呼び出され、一杯やりながら音楽談義に花を咲かせた。どういうルートなのか、彼はフランスで発売されたばかりのレコードを、どんどん取り寄せては聞かせてくれた。その中から、ふたりして彼女に合う曲を選んでいたのである。

　そうこうするうち、1964年に録音した「夜明けの歌」がヒットし、レコード大賞の歌唱賞を受賞して、岸洋子は一躍スターダムにのし上がる。NHKの紅白歌合戦にも初出演した。お祝いに、レコード会社がパリ旅行をプレゼント。その帰国記念盤として、何がいいだろうという話になった。例によって、到着したばかりの45回転の輸入盤を聞き漁り、選び出したのがタンゴ調のシャンソン「恋心」だった。訳詩に手こずって出発までに間に合わず、ようやく出来上がった作品に、「恋なんて」という題をつけてパリへ送ってもらった。レコード会社とも相談の結果、「岸洋子がパリでタクシーに乗った時、たまたまカーラジオから流れるメロディーを聞き、感動して持ち帰った新曲」として発表することになった。律儀な彼女は、帰国後の記者会見でも自伝の中でも、まことしやかにこの作り話を披露している。

　こうして、1965年、キングレコードから岸洋子の「恋心」（エンリコ・マシアスのオリジナル盤に合わせて改題）がリリースされた。ほぼ同時に、ポリドールから菅原洋一（なかにし礼訳詩）、東芝から越路吹雪（岩谷時子訳詩）のレコードが発売されて競作になったが、岸洋子が群を抜いて年間最高のベスト・セラーを記録し、紅白歌合戦でもこれを歌った。そのおかげで、私もひとかどの訳詩家として世に認められるようになる。テレビに名前が出たのをまわりの人から指摘され、鼻を高くした父親は、いつの間にか勘当を解いた。

　ちなみに、私がのちに結婚することになったラテン・タンゴ歌手の前田はるみと出会ったのも、この年のことだった。彼女のためにも訳詩したので、レパートリーは広がったけれど、以前ほど簡単には書けなくなってしまった。多かれ少なかれ「恋心」のようなヒット作を期待されるからである。かつては一日で2曲も3曲もこなしていたのに、10曲頼まれても、何日もかけてやっと1曲

という状態が、今日までつづいている。
　同じく1965年のこと、フランスの女性歌手ジャクリーヌ・フランソワが、「枯葉」などのスタンダード・ナンバーを日本語で歌うアルバムを作ろうという企画が持ち上がった。そこで、発売元のフィリップス社では既製の訳詩をかき集め、彼女の伴奏テープにのせてみたが、どれもこれも歌えない。フレージングが原詩と違っていて「ベンケイガナ、ギナタヲ…」といった具合になってしまう。何とかならないか…と相談され、フレーズを原詩に合わせて十数曲を訳詩した。この企画は実現せず、私の作品は宙に浮いてしまったが、その中の「愛の讃歌」「私の心はヴァイオリン」「バラ色の人生」などは、翌年岸洋子が録音して、何とか陽の目を見ることができた。あとはおクラのままになっている。
　私はこの体験によって、フレージングの重要性を痛感した。「日本人だけではなく、外来の歌手もスムーズに歌えるように書くのが真の訳詩」と確信した。その後もマシアスやイザベル・オーブレほか、数人の歌い手たちの日本語録音を手がけたが、「原語とまったく同じフィーリングで…」と指示すると、即座にうまく歌ってもらうことができた。
　1966年、シャルル・アズナヴールがキングレコードとの契約のために、初めて日本を訪れた。そして手土産に、「日本語の歌詩をつけて流行らせてくれ」と、出来立ての新曲を置いて帰った。さっそく訳詩を作り、当時流行中だったラテン・ナンバー「太陽は燃えている」にあやかって、「愛は燃えている」という邦題をつけた。後に日本で発売された彼のアルバムの歌詩カードには、対訳ではなく、この訳詩が載っている。
　アズナブールとは、その後もパリや日本で何度か会った。ある時「シャンソンの歌詩に一番重要なのは？」と尋ねると、言下に「ポエジー（詩情）」という返事が戻って来た。おおいに同感。向こうの歌詩は、少なくとも韻をふんで書かれている。訳詩もそれなりに詩の形を取るべきだろう。それ故に私は、あくまでも「詞」ではなく「詩」と書くことにこだわっている。
　1967年、「恋心」の作曲者エンリコ・マシアスが初来日した。コンサートで

は当然この曲を歌ってくれると思ったら、彼はすっかり歌詩を忘れてしまっている。フランスでは、まったく評判にもならなかったのである。あわてて日本発売のレコードにつけられた歌詩カードで覚え直してもらい、何とかお茶を濁すという一幕もあった。

　ある日、招聘元の石井音楽事務所から電話がかかって来た。マシアスの滞日中に、「わかっているの」（「恋心」と同じくマシアスの作品で、岸洋子が紅白歌合戦で歌った）を日本語で吹き込むことになったから、大至急男性用の歌詩を作ってほしい…と。しかも、彼が持参したカラオケは、Je le vois というバック・コーラスが何回も入っているので、そこはそのまま生かすように…との注文つきなのである。大急ぎで何とかでっち上げ、ローマ字に直して本人に渡したが、なかなか納得してくれない。まず歌い出しの「わかっているよ」が字余りで、これでは音符が2つに分かれ、曲のイメージが変わってしまうと言い張るのである。さらに、撥音（小文字の「っ」）が理解出来ず、どうしても「わかているよ」になってしまう。仕方なく歌って聞かせ、口うつしに教えているところを、たまたま取材に来たラジオ局が録音して、そのまま電波に乗せた。すったもんだのあげく、ようやくOKとなったが、考えてみると彼の言い分も当然のこと。歌は作詩家と作曲者の共同作業の上に成り立っているのだから、お互いの立場を尊重すべきであり、勝手に相手の歌詩や音符を変えるのは好ましくない。訳詩も同様、やむを得ない場合はともかく、やたらに字余りや字足らずを作るのは、無能をさらけ出すことでもあり、極力避けるべきではなかろうか。

　1968年、NHKからお呼びがかかり、以後約20年にわたって、シャンソンやラテンなどの音楽番組を担当することになった。70年の大阪万博では、ジルベール・ベコーやマレーネ・ディートリッヒの来日公演を手伝った。1982年から数年間、200人収容のビクター・ミュージック・プラザで、毎月定期的にコンサートを開き、新進歌手のリサイタルをプロデュースするとともに、出演者のために訳詩。1983年、三越の岡田社長の依頼により、三越ロイヤル・

シアター(のち三越劇場)において毎年数回のポピュラー・コンサートをスタートさせ、現在もなお継続中。1984年には銀座の博品館劇場で連続6日間「永田文夫訳詩リサイタル」を開催し、連日満員の盛況。…などと書き連ねていてもキリがない。これまでのキャリアーを、かなり細かくご紹介したのは、このような体験から学んだことが、私の訳詩のスタンスを形作っていることを知っていただきたかったからである。同時に本書が、訳詩はいかにあるべきかを、改めて考えてみるよすがともなれば…と願っている。

アッという間に年月が過ぎて、フト振り返ってみると、これまでに手がけた千曲を超す訳詩の中で、残っているのは5分の1程度。人気歌手の専属でもなく、ライヴ・ハウスのオーナーでもなく、フリーの立場でやって来たので、歌い手が歌わなくなったらそれまでのこと。レコードも廃盤になればおしまいで、やがてはすべてが消え去ってしまう。このまま闇に葬るのも忍びないので、思いつくまま作品を集め、『永田文夫訳詩集』と題する冊子にまとめたのは、平成12年(2000年)のことだった。それから早くも15年、その間にも数十曲の訳詩を書いている。どれもこれも捨て難い作品ばかりなので、それらの新作を加えて大幅に曲数を増やし、約260曲を収録して、邦題の五十音順に配列したのがこの増補版訳詩集。もちろん旧作も含まれているが、大半は誰よりも早く訳詩して、初めて紹介した作品。日本で発売される前に作ったものも数多く、中には原曲がいまだに紹介されないままの曲もある。それ故に、あるいは訳詩を読んでみて、歌ってみようと思っても、曲そのものをご存じないかも知れない。そんな時は、ご一報くだされば、できるだけ資料を提供するようにしたいと思う。

何はともあれ、この訳詩集によって、訳詩の大切さを再認識していただき、知られざる名曲を発掘するきっかけともなれば、これにまさる喜びはない。

2016年(平成28年)4月吉日

日本訳詩家協会会長　永田文夫

CONTENTS

各訳詩の末尾の★は、原曲のジャンル別や創唱者などの簡単な解説。とくに記載のないものは、すべてシャンソン。

愛が生まれた日 ……16
愛か別れか ……16
愛しかない時 ……20
愛してあげて ……18
愛してくれるのならば ……18
愛することの不幸せ ……19
アイドルを探せ ……20
愛に生きる ……21
愛のおそれ ……21
愛の讃歌 ……23
愛のサンバは永遠に ……22
愛の十字架 ……23
愛のひき潮 ……24
愛の秘密 ……24
愛の恵み ……25
愛は燃えている ……26
愛をうたうジョニー ……27
愛をふたたび ……28
アッ！ ……29

アディオス・ムチャーチョス ……30
アデュー（さらば栄光の夢）……31
アドーロ ……32
あなたが私の恋人ならば ……32
あなたの声を聞く時 ……32
あなたのそばへ戻る時 ……33
あの人 …… 33
あの人に会っても ……34
アムステルダム ……34
アモール・アマール ……35
アモール・ミオ ……36
ある古い歌の伝説 ……36
淡き光に ……37
哀れなネグロの大旅行 ……38
アングスティア ……39
アンサンブル ……39
行かないで ……40
行かないでマニエル ……41
一日のはじまり ……42

いつかある日 ……42	おまえを愛してる ……58
いつの日か ……43	想い出の瞳 ……59
いとしのアリーヌ ……44	想いのとどく日 ……60
いとしのマチルダ ……44	オルフェの歌（黒いオルフェ）……60
今はダメ ……45	女の子 ……61
祈り ……46	帰り来ぬ青春 ……62
インシャラー ……47	風のささやき ……62
歌いつづけて ……48	悲しい悪魔 ……63
歌がはじまる ……49	悲しき妻のための歌 ……64
ヴェニスの愛 ……50	哀しみのオルビード ……65
歌声高く ……50	カプリ島 ……65
美しい恋の物語 ……51	カマラード ……66
海の未亡人のための子守歌 ……52	カミニート ……66
海へ行く列車 ……52	カルメン物語 ……67
エストレリータ ……53	カミネモス ……68
エルサレムのクリスマス ……54	枯　葉 ……68
エル・パニュエリート	彼は笑っていた ……69
（白いスカーフ）……55	枯葉によせて ……70
縁は異なもの ……55	カンタレ・カンタラス ……70
王様の牢屋 ……56	希望の神よ ……71
大いなる海よ ……56	君去りし夜 ……72
奥様お手をどうぞ ……57	君を愛す ……72
オペラ座のダンサー ……57	ククルクク・パロマ ……73

黒い天使 ……73	さらば草原よ ……88
グッバイ・アモーレ・ミオ ……74	去り行く君 ……88
クモさんのタンゴ ……74	サン・トワ・マミー ……89
月下の蘭 ……75	幸福を売る男 ……89
恋ぐるい ……75	シェリト・リンド ……90
結　婚 ……76	死が私を包むとも ……90
恋　心 ……77	自叙伝 ……91
恋の執念 ……77	詩人たち ……92
声のない恋 ……78	詩人の最期 ……92
告白のシャンソン ……79	失恋の季節 ……93
心はるかに ……80	ジプシーの嘆き ……93
孤独への道 ……81	ジャッキー ……94
孤独な島（アローン） ……82	ジャマイカ ……95
近衛兵たち ……82	シャンソン・シンプル ……95
コーヒー・ルンバ ……83	シャロンヌの恋人 ……96
今宵は私に ……84	ジャンとマルティーヌ ……97
こんなに小さい ……84	ジュ・テーム，ジュ・テーム，ジュ・テーム ……98
さすらい ……85	終局（セ・アカボ） ……99
さすらいを友として ……85	ジーラ・ジーラ ……99
錆びついた銃 ……86	白い恋人たち ……100
さまよえるエトランジェ ……86	人生のはじまり ……100
さよならも言わずに ……87	スカーフ ……101
さらばキューバ ……87	

過ぎし青春の日々 ……101	東京モナムール ……116
救いを求めて ……102	遠い想い出 ……117
スージー ……102	とうとうあなたに ……118
すべてをなくして ……103	時は流れて ……118
すり切れたレコード ……103	時計をとめて ……119
青春へのリサイタル ……104	とわに別れを ……119
セ・ラ・ロマンス ……105	トム・ピリビ ……120
ソイ（私は）…… 105	ドン・キホーテ ……121
そして今は ……106	泣きながら ……121
その男ゾルバ ……106	懐かしき恋人の歌 ……122
そよ風のバラード ……107	何を私に ……123
ソラメンテ・ウナ・ベス ……108	涙 ……123
太陽がいっぱい ……108	涙のしずく ……124
ただそれだけの人生でも ……109	涙のベルジェ ……124
タトゥーエ（いれずみ）……109	ナントの町に雨が降る ……125
タバコの歌 ……110	はかない愛だとしても ……126
旅路の果てに ……111	激しい口づけ ……127
タブー ……112	初めての日のように ……127
誰 ……112	パダン・パダン ……128
小さな言葉 ……113	花売り娘 ……129
チキリン・デ・バチン ……114	花祭り ……129
チャーリーの天国 ……115	バラ色の人生 ……130
東京のセレナーデ ……116	パリ祭 ……130

パリの空の下 ……131	ボンボン ……146
パリの屋根の下 ……131	街角の瞳(私はひとり片隅で) ……147
はるかなる友 ……132	街 ……148
ハンブルグにて ……132	街の静けさの中で ……148
ひかり知らずに ……133	マドレセルバ ……149
ピアノ・プレイヤー ……134	真夜中の千鳥足 ……150
ひとりだけのあなた ……135	マラソン ……150
ひとりぼっちのタンゴ ……136	マリア ……151
ファネット ……136	マリア・エレナ ……152
舟乗りよ話して ……137	見知らぬ街 ……152
プラットホームの女（エーゲ海の真珠）……138	見果てぬ夢 ……153
	耳にささやけ ……153
ブラボー ……139	ミランドのクリスマス ……154
ブルー・タンゴ ……140	ミロール ……155
ブルジョワの嘆き ……140	無関心 ……156
フレネシ ……141	ムーチョ・ムーチョ・ムーチョ ……156
兵舎にて ……142	メア・キュルパ ……157
平野の国 ……142	めぐり逢うために ……158
ヘルナンドス・ハイダウェイ ……143	もうお別れね ……159
ペルフイディア ……141	燃えるカリフォルニア ……159
忘却の小船 ……144	もし ……160
ポルトガルの洗濯女 ……145	モナムール ……160
マシュ・ケ・ナダ ……145	ユーカリ ……161

友情は太陽 ……161
夕映えのふたり ……162
誘惑 ……162
ユダ（ジュダ）……163
夢のタンゴ ……163
夢の中に君がいる ……164
ゆりかごの歌 ……164
洋服ダンス ……165
ヨーコ ……165
ヨコハマ・ルンバ ……166
夜汽車 ……166
夜霧のしのび逢い ……167
夜が泣いている ……168
夜と霧 ……168
夜のヴァイオリン ……169
夜のストレンジャー ……170
夜のタンゴ ……170
夜の通行人に捧ぐ ……171
夜のメロディー ……172
ラ・クカラチャ ……172
ラ・ゴロンドリーナ ……173
ラス・チャパネカス ……173
ラ・セーヌ ……174

ラスト・ダンスは私に ……174
ラ・バンバ ……175
ラ・メール ……176
リラの花咲く頃 ……176
ル・ネオン ……177
わが心のアランフェス ……178
わかっているの（わかっているよ）……178
私たちなしでも地球は回る ……179
私の歌が終わる時 ……180
私の回転木馬 ……180
私の神様 ……181
私の心はヴァイオリン ……181
私の恋人、私のユダ ……182
私の人生に来たあなた ……183
私の天使 ……183
私の何かが ……184
私は歌う ……184
私は幸せ ……185
私もういやよ
　（何も私に残らない）……185
私は待っていた ……186
私を悩ます男たち ……187
ワルソーのピアニスト ……187

愛が生まれた日
Al nacer éste día

（作詩・作曲：Consuelo Verazquez）

夜明けのたびに　胸はときめく
愛が生まれた　ころのように

まどろむ君を　見守りながら
くちづけをする　この幸せ

おそらく君も　見ているだろう
私と同じ　すてきな夢を

君に言いたい　心をこめて
愛してくれて　ありがとうと

★作者は「ベサメ・ムーチョ」て知られたメキシコの女流作家。訳詩の創唱・初録音はトリオ・ロス・チカノス（1983年）。

愛か別れか
Tómame o déjame

（作詩・作曲：Juan Carlos Calderon）

愛か　別れか
そのふたつにひとつだけ
あなたの嘘など　すぐにわかるわ
背広ににおいがついてるの

愛か　別れか
決めてほしい　どちらかに
うしろめたいのを我慢しながら
くちづけなどしないでね

　私は涙を見せまいと
　くちびるをかみ
　あなたはすげないそぶりで
　そっと視線をそらす

愛か　別れか
あなたのお好きなように
私のことなら　なんとかなるわ
昔に戻るだけよ

　私はうらみを言うまいと
　微笑んでみせ
　あなたはそ知らぬ顔して
　黙って席をはずす

愛か　別れか
教えてほんとのことを
答えを聞いたらたぶん私は
泣き出してしまうけれど

★スペインの人気グループ、モセダーデスのヒット。創唱・初録音ペピータ義元（1978年）。

愛しかない時
Quand on n'a que l'amour

（作詩・作曲：Jacques Brel）

愛しかない　旅立ってゆく
恋人たちが　分かち合うのは

愛しかない　日ごと夜ごと
君とぼくとが　知るよろこびは

愛しかない　信じていたい
誓いの言葉を　守るためには

愛しかない　のぼる朝日が
よごれた町を　照らすためには

愛しかない　それは真理
それはシャンソン　救いなのだ

愛しかない　住む家までも
失くした人を　包むコートは

愛しかない　不幸な地球に
詩人が捧げる　祈りの歌は

愛しかない　自由を求め
戦う人を　励ます声は

愛しかない　道を開き
明日に向かって　進むためには

愛しかない　武器を捨てて
平和な国を　築くためには

そうだ愛が　愛さえあれば
世界中が　友だちなのだ

★ジャック・ブレルの出世作。1956 年、ソ連軍がハンガリーに侵攻した時に作られた。創唱・録音は堀内環（1996 年）。

愛してあげて
Fais la rire

(作詩・作曲：Hervé Villard)

あなたなのね　私の手から
彼の愛を　盗んだのは
かまわないわ　私だけが
あきらめれば　いいのだから

けれど　どうか　彼を
愛して　あげてね
そして　きっと　彼を
幸せにしてね

気にしないで　私のことを
恋はいつか　過ぎてゆくわ
もしも今夜　彼が来ても
もう二度とは　会わないから

けれど　どうか　彼を
愛して　あげてね
そして　きっと　彼を
幸せにしてね

お行きなさい　ふたりの道を
私なんか　忘れるのよ
あなた方が　幸せなら
この私も　うれしいから

そうよ　いつも　彼を
愛して　あげてね
そして　きっと　ふたり
幸せに　なってね

彼を　愛して　あげてね

★エルヴェ・ヴィラールのヒット（1965年）。創唱・初録音はペギー葉山と岸洋子（1966年）

愛してくれるのならば
Tzigane

(作詩：J・Dautelle)
(作曲：Philippe-Gerard)

猫になりたい　彼をひっかきたい
蜂になりてい　彼を刺したい
短刀になりたい　血まみれにしたい
機関銃になりたい　穴だらけにしたい

夜になりたい　おびえさせたい
夏になりたい　のどを乾かせたい
猿ぐつわになりたい　窒息させたい
重りになりたい　彼を押しつぶしたい

泥沼になりたい　彼を沈めたい
車輪になりたい　彼を轢きたい
北極になりたい　凍えさせたい
爆弾になりたい　彼を爆破したい

墓になりたい　彼を葬りたい
嵐になりたい　溺れさせたい
炎になりたい　やけどをさせたい
死神になりたい　命を奪いたい

けれど私は　歌になりたい
ブドウ酒になりたい　彼を酔わせたい
鎖になりたい　彼を見張りたい
魔法になりたい　心を奪いたい

愛することの不幸せ
Le malheur d'aimer

(作詩：Louis Aragon)
(作曲：Jean Ferrat)

お金になりたい　彼に貢ぎたい
ヴィーナスになりたい　うっとりさせたい
朝になりたい　目覚めさせたい
地獄へ落ちてもいい
愛してくれるならば
ライライライ…愛してくれるならば
ライライライ…愛してくれるならば
ライライライ…愛してくれるならば
愛してくれるならば
愛してくれるならば
ライライライ……アァ

★1971年カトリーヌ・ソヴァージュが歌った。創唱・初録音は伊藤ナオミ。

人を愛するのは　愚かなことです
夜に見た夢を　朝が消します
愛は不幸せ

愛を確かめ合った　部屋の片隅に
浮かんで来るのは　思い出だけです
愛は不幸せ

窓辺にただよう　ほのかな香りは
居なくなった人の　残り香でしょうか
愛は不幸せ

人を愛するのは　せつないものです
あなたを呼びながら
待ち暮らしています
愛は不幸せ

どうしようもなく　愛しているから
生きてゆけるのです　愛とはそれでも
不幸せですか

★ジャン・フェラが1971年に創唱。訳詩の創唱・初録音は奥田真祐美。

アイドルを探せ
La plus belle pour aller danser

(作詩：Charles Aznavour)
(作曲：George Garvalentz)

誰よりもきれいな女の子になって
　　　　　　　　　そうよ
すてきにダンスを踊ってみたいから
　　　　　　　ムム
買ったばかりのドレスにブローチを
　　　　　　つけて
ちょっぴりルージュをいつもより濃くして
　　　　　　　みたわ
今夜こそ何かありそうな
　そんな気がするの
パーティであなたに会えたら
　すてきだけれど
いつもの私とは違う私を見て　そして
ダンスをしながらささやいてほしいの
一番きれいだと
一番きれいだと
一番きれいだと

今夜こそ幸せになれる
　そんな気がするの
もしかしてライバルがいても
　かまわないわ
いつもの私とは違う私だから　ムム
ダンスをしながらあなたにささやくの

一番愛してと
一番愛してと
一番愛してと
一番愛してと…

★ 1963年のフランス映画「アイドルを探せ」の主題歌で、シルヴィ・バルタンが歌った。訳詩の創唱・初録音は岡村有希子（1984年）。

愛に生きる
Quand les hommes vivront d'amour

（作詩：Gilles Vigneault）
（作曲：Félix Leclerc）

愛に生きれば　みじめさはなくなり
兵隊は誰も　詩人になるでしょう
　　でもそのころはすでに
　　人間はすべて
　　死に絶えてしまう
　　運命かも知れない

愛に生きれば　悲しみも消え去り
世界中どこも　平和になるでしょう
　　でもそのころはすでに
　　国々は滅び
　　大地は草木も
　　生えないかも知れない

愛に生きれば　みじめさはなくなり
兵隊は誰も　詩人になるでしょう
愛に生きれば　悲しみも消え去り
世界中どこも　平和になるでしょう
愛に生きよう　戦争をなくして
地球を守ろう　生命があるうちに

★ 1989 年にエンリコ・マシアスが歌った。訳詩の創唱・初録音は合掌一朗。

愛のおそれ
J'ai peur

（作詩：Jacques Demarny）
（作曲：Enrico Macias）

何も言わず　ふるえている
この私の　小さな胸
おそろしくて　たまらないの
別れのときが
いつかは愛の夢も　消え去ってゆくのね
あなたもなく　誰もいない
夜明けがおそろしいの

愛を語る　あなたの声
そのやさしい　言葉さえも
おそろしくて　たまらないの
信じることが
いつかは裏切られて　涙にむせぶのね
あなたもなく　希望もない
あしたがおそろしいの

いのちかけて　愛している
この私の　おろかな夢
おそろしくて　たまらないの
恋の終わりが
こわいの　夢みるのが
こわいの　愛するのが
こわいの　この恋が

★ エンリコ・マシアスが 1966 年に創唱。
訳詩の創唱・初録音は岸洋子 (1967 年)。

愛の讃歌
Hymne à l'amour

（作詩：Edith Piaf）
（作曲：Marguerite Monnot）

空がくずれ落ちて　大地がくだけても
恐れはしないわ　どんなことでも
愛がつづくかぎり　かたく抱きしめてね
何もいらないわ　あなたのほかには

世界の果てまで　私は行くわ
　　おのぞみならば
かがやく宝　盗んで来るわ
　　おのぞみならば
祖国や友を　裏切りましょう
　　おのぞみならば
あなたのために　なんでもするわ
　　おのぞみならば

もしもいつの日にか　あなたが死んだとて
嘆きはしないわ　私もともに
とわのあの世へ行き　空の星の上で
ただふたりだけで　愛を語りましょう

★ピアフの名唱で知られる名曲（1950年）。1965年にジャクリーヌ・フランソワのために訳詩。初録音は岸洋子（1966年）。のちに美川憲一も

愛のサンバは永遠に
Não deixe o samba morrer

（作詩・作曲：Edson, Aloisio）

ふたりの恋が　終わったあとも
町角を流れる　歌声はとわに

愛のサンバを聞くとき
よみがえる過去のひとこま
春の朝　めぐり逢った
男と女の　心に咲く花

まぶたを閉じれば今も
目に浮かぶ　あなたの姿
晴れわたる　夏の午後に
ふたりはひとつの　炎に燃えたの

恋はいつでも　ふとしたことから
始まるものね
知らず知らずに　誰よりあなたを
愛していたわ

（くりかえし）
　昨日の夢は
　明日の思い出
　この世のすべては
　つかの間に消える
　ふたりの恋が　終わったあとも
　町角を流れる　歌声はとわに

愛の十字架
Aimer a perdre raison

(作詩：Louis Aragon)
(作曲：Jean Ferrat)

愛のサンバを聞くとき
よみがえる過去のひとこま
秋の夜　待ちつかれて
雨だれの音を　かぞえた淋しさ

まぶたを閉じれば今も
目に浮かぶ　あなたの姿
こがらしの　冬の夜更け
私はひとりで　涙をかくすの

恋はいつでも　思いがけなく
破れるものね
裏切られても　あくまであなたを
信じていたわ

（くりかえし）

★ブラジルの女性歌手アルシオーネの
　ヒット（1975年）。訳詩の創唱・初
　録音は春日沙織里（1978年）。

愛することには　理由はありません
言葉もいりません　あなたしか見えない
それだけで私は　あなたを愛します

愛される幸せが　いつかこわれても
いいじゃないですか
愛するよろこびが　あとに残るなら

愛することには　決まりはありません
知恵などいりません　あなたしか見えない
それだけで私は　あなたを愛します

苦労の絶えない　みじめな世界を
生きてゆけますか
愛の十字架を　信じていなければ

愛することには　終わりがありません
いのちもいりません　あなたしか見えない
それだけで私は　あなたを愛します

★ジャン・フェラが1971年に発表。

愛のひき潮
Un chant d'amour un chant d'été

（作詩：Marino Atria）
（作曲：Frédéric François）

愛は終わるのね　ひき潮のように
人かげも消えた　たそがれの浜辺
悲しくはないと　くちびるをかんで
こらえているのよ
あなたに涙を　見せまいとして

　　とてもすてきな　毎日だったわ
　　あなたといっしょで　楽しかったわ

愛は終わっても　思い出は残る
ひき潮の砂に
ふたりで拾った　貝がらひとつ

　　とてもすてきな　毎日だったわ
　　あなたといっしょで　楽しかったわ

愛は終わっても　思い出は残る
ひき潮の砂に
ふたりで拾った　貝がらひとつ
ひき潮の砂に
ふたりで拾った　貝がらひとつ

★フレデリック・フランソワが1973年に放ったヒット。1974年に訳詩、仲マサコが創唱。

愛の秘密
Je porte plainte contre mon cœur

（作詩：Didie Barbelivien）
（作曲：Enrico Macias）

私の心は　炎のようです
敵を作ります　友だちもいます
馬鹿なこともします

私の心は　詩人のようです
歌を歌います　時々泣きます
夢みているのです

　　わかってください　私の心を
　　小さいながらも　力のかぎりに
　　脈打つこの心

私の心は　あらしのようです
戦っています　逃げたくなります
愛しているのです

私の心は　ピエロのようです
仮面をつけます　お芝居もします
愛されたいのです

　　わかってください　私の心を
　　たとえおろかでも　命を捧げて
　　悔いなどない心

　　私の心は　あなただけのもの

★エンリコ・マシアスが1982年に録音。
1983年に訳詩し、栗原道子が創唱。
初録音は橘妃呂子（1993年）。

愛の恵み
Generosity

（作詩：D.Barbelivien, E.Macias）
（作曲：J.Revaux, J.P.Bourtyre）

心という　大事なものを
　見失った社会
信じること　祈ることを
　忘れ去った人間
ひと切れの愛が　残るだけ

乾ききった　地球砂漠
　飢えゆく子供たち
自由の名で　正義の名で
　争う大人ども
慰めは愛の恵みだけ

　いたわりを　傷ついた人たちに…
　あわれみを　引き裂かれた恋人に…
　安らぎを　泣き叫ぶ子供らに…
　しあわせを　この世の中に…

どこの誰が　たくらむのか
　戦争が始まる
家を焼かれ　故郷(くに)を追われ
　民衆はさまよう
慰めは愛の恵みだけ

　　　いたわりを　傷ついた人たちに…
　　　あわれみを　引き裂かれた恋人に…
　　　安らぎを　泣き叫ぶ子供らに…
　　　しあわせを　この世の中に…

　　　　　慰めは愛の恵みだけ

　　　　　いたわりを…（以下くりかえし）

★エンリコ・マシアスが1984年に録音。　訳詩の創唱・初録音は合掌一朗。

愛は燃えている
Je te rechauffrai

(作詩・作曲：Charles Aznavour)

【男性用】
空に浮かぶ　雲の毛布
冬がやって　来るのさ
寒さなんか　こわくない
あったかいよ　ぼくのそばは

河のほとりを　歩こうよ
緑の草が　残ってる
外は少し　冷たいが
あったかいよ　ぼくのそばは

　　この腕に　君を抱きしめ
　　それでもまだ　寒いなら
　　貸してあげるよ　ぼくの上着

風が君の　肌をさし
指がかじかむ時は
もっともっと　寄りたまえ
あったかいよ　ぼくのそばは

そして風の　スキを見て
かけてゆこうよ　納屋へ
そこはふたりの　天国
あったかいよ　ぼくのそばは

窓やドアを　かたく閉めて
鍵をかけて　おこうよ
まきを燃やして　あたれば
あったかいよ　ぼくのそばは

　　森にある　木をみなくべて
　　それでもまだ　寒いなら
　　燃やしてしまおう　家具をみんな

けれど燃える　暖炉より
もっと熱い　炎は
君とぼくの　愛なのさ
あったかいよ　ぼくのそばは

空に浮かぶ　雲の毛布
冬がやって　来るのさ
寒さなんか　こわくない
あったかいよ　ぼくのそばは

【女性用】
空に浮かぶ　雲の毛布
冬がやって来るのね
寒さなんか　こわくない
あったかいわ　あなたのそばは

河のほとりへ　行きましょうよ
緑の草が　残ってる
外は少し　冷たいけど
あったかいわ　あなたのそばは

　　抱きしめて　あなたの腕に
　　それでもまだ　寒いなら
　　貸してちょうだい　あなたの上着

風が肌身に　こたえて
指がかじかむ時は
抱いていてね　かたくかたく
あったかいわ　あなたのそばは

そして風の　スキを見て
かけて行きましょ　納屋へ
そこはふたりの　天国
あったかいわ　あなたのそばは

窓やドアを　かたく閉めて
鍵をかけて　おくのよ
まきを燃やして　あたれば
あったかいわ　あなたのそばは

　　森にある　木をみなくべて
　　それでもまだ　寒いなら
　　燃やしてちょうだい　家具をみんな

けれど燃える　暖炉より
もっと熱い　炎は
私たちの　愛なのよ
あったかいわ　あなたのそばは

空に浮かぶ　雲の毛布
冬がやって　来るのね
寒さなんか　こわくない
あったかいわ　あなたのそばは

★シャルル・アズナヴールの1964年の作品。訳詩も同年。創唱・初録音は山崎肇（1966年）。

愛を歌うジョニー
Et Johnny chante l'amour

（作詩：Didie Barbelivien）
（作曲：Claude Morgan）

汚職に倒産　異常気象と
　騒々しいこの世の中
みんなバラバラで　義理人情もなく
　金もうけに走りまわる
だからジョニーは　愛をうたう
　デビュー以来の　お客の前で

昔も今も　聞こえて来るのは
　くだらない流行歌
キリのない欲望　満ち足りてるのに
　満足しない人間
だからジョニーは　愛をうたう
　皮ジャンパーに　ギターをかかえて

学者予言者　政治家に詩人
すべてが　そろっているのに
地球に何かが足りない
だからジョニーは　愛をうたう
　歌のためなら　苦労もいとわず

光る稲妻　襲い来るあらし
　涙にあふれた世界
わずかな救いは　子供たちの笑顔
　母親のやさしい瞳
だからジョニーは　愛をうたう
　時の流れに逆らいながら…
いつもジョニーは　愛をうたう
　デビュー以来のお客を前に
いつもジョニーは　愛をうたう

★エンリコ・マシアスが1995年に録音。同年訳詩。

愛をふたたび
Pour que tu m'aimes encore

(作詩・作曲：Jean Jacques Goldman)

わかってるわ　言いたいことは
その通りよ　この世はすべて
時がたてば　花はしおれ
何もかも　移り変わって
どんな恋でも　終わってしまう

でも私は

見つけ出すわ　あなたの心を
たとえあなたが　どこにい居ようと
水の中　火の中までも
探しにゆくわ　愛をふたたび
愛をふたたび

好きになっては　いけなかった
遊びならば　よかったと
言ってみても　今さらどうなるの
私ひとりが
愛しすぎては　傷ついたのね

でも私は

見つけ出すわ　あなたの心を
たとえあなたが　どこに居ようと
水の中　火の中までも
探しにゆくわ　愛をふたたび

あなたをたたえる　歌を作り
夢の旅路の　支度をするわ
あなたに魔法の　呪文をかけて
手に入れるわ　愛をふたたび

私はもっと　きれいになるわ
あなたのために　生まれ変わるわ
あなたをもっと　楽しませるわ
あなたが望む　女になるわ
だからください　愛をふたたび

だからください　愛をふたたび
だからください　愛をふたたび

★セリーヌ・ディオンが 1995 年に録音。　1999 年に訳詩。

アッ
Ah!

（作詩・作曲：R.Lucchesi, Ch.Aznavour）

あっ！　ぼくはもう夢の世界
きみが　ぼくを見つめるとき
あっ！　ぼくはもう骨まで融ける
君の胸に抱かれながら
キスをして　キスされて
そしてそのあとは人に言えない
ああ　すばらしい恋の夜よ
思わず　ぼくは叫ぶよ
あァ、あ、あ、あ、にゃん
いろいろ　さまざま
「あ」はあるけれど
キスされてホワン
肌に触れてア　エディア……
ふられて　ああ
固く抱いて　ああ
夢みるよな　ああ
死にそうな　ああ
（また東京競馬がはずれたな）
もう駄目　駄目だ
最後のああ！

ああ！　ぼくはもう夢の世界
きみの腕に抱かれながら
ああ！　ぼくはもう死んでしまう
君だけが　ぼくの生命
目の前が暗くなり
息もできない　ぼくは死にそう
ああ！　このままで　昼も夜も
いつまでも
ぼくといておくれ

ああ！

★アズナヴァールのごく初期の作品。彼自身のほかフィリップ・クレイが歌った。くどう・べんが銀巴里で創唱、のちに録音。

アディオス・ムチャーチョス
Adiós muchachos

(作詩：César Felipe Vedani)
(作曲：Julio Sanders)

今もまぶたの　奥に浮かぶ
若い日の　ひとこまは
愛にうるんだ　母のひとみ
仲のよかった　幼ななじみ
忘れようとて　忘られぬ
ふるさとの　なつかしさ
明日のない身に　せつなすぎる
楽しかった　思い出

いつしか時は　流れ流れて
昨日のような　気がするのに
二度と帰らぬ　青春は
はるかに遠い　昔ばなし
若い血潮を　たぎらせながら
いちずに君を　思いつめて
あるいはうたい　ある時は
深く悩んだ　あのころ

思い出すかい　今でもなお
幸せな　ひとときを
夢を見ていた　ぼくらふたり
信じきってた　愛の言葉
忘れようとて　忘られぬ
さよならの　やるせなさ
明日のない身に　苦しすぎる
過ぎた恋の　まぼろし

いつしか時は　流れ流れて
むなしく闇に　消えた月日
二つとはない　人生は
ただ思い出が　増えるばかり
古い手紙を　燃やす煙りに
泣いてむせんで　いたむ心
これが浮き世と　知りながら
うずく未練の　古傷

★ 1928年に作られたアルゼンチン・タンゴ。訳詩の初録音はフランク永井（1978年）。

アデュー（さらば栄光の夢）
Addio sogni di gloria

（作詩：Mario Rivi）
（作曲：Carlo Innocenzi）

思い出すわ子供だったころ
カバンさげてリンゴかじって
明日という日だけを夢にみて
それでとても幸せだったわ

アディオ　はかない夢
アディオ　幸せの日
今はいくら悔やんでみても
戻らないわあのひと時

アディオ　うつろな城
アディオ　青春の日
秋の風に木の葉が散って
やって来るわ灰色の冬
愛した人さえ　どこにいるやら
悲しい思い出が　増えてゆくだけね

アディオ　破れた恋
アディオ　消えたのぞみ
つらいけれどその日が来たら
去ってゆくわ涙かくして
すてきだった青春の夢
さよなら　アディオ

★シャンソン「アデュー」としても知られるカンツォーネ。1949年にミュージカル・ショウのために作られた。原曲に忠実に訳詩して、岸洋子が録音（1976年）。

アドーロ
Adoro

（作詩・作曲：Armando Manzanero）

あなた　とっても好きよ
あの夜　あの町角て
あなたの甘い言葉に
恋のさだめを　初めて知ったの

あなた　いつものように
そっと　微笑みかけて
あなたの　熱いキッスで
燃やしてほしいの

死んでも　あなたのそばを
離れはしない　別れはしない
あなたは　私のすべて
私の太陽　いのちの人よ

あなた　とっても好きよ
愛に輝くひとみ
あなたのそのくちびるも
泣きたいくらい　愛しているのよ
あなた　あなたが
好きよ　大好きよ

★1967年にヒットしたメキシコの歌。同年訳詩し、ロス・インディオスが初録音（1968年）。

あなたが私の恋人ならば
Quieres ser mi amante?

（作詩・作曲：Camilo Sesto）

愛してると言っても　意味はないわ
愛は言葉では言えないものよ
心から生まれる叫び
体じゅうに　あふれる望み
愛は流れゆく　河の水なの
愛は止めても　止まらないものよ
はてしもなく　湧き出る泉
燃えに燃えて　消えない炎
愛してほしい　心をこめて
あなたが私の　恋人ならば

愛している時には　愛がすべて
愛に生き　愛に泣き　愛に死ぬわ
そんな愛を　夢みているの
そんな愛を　信じているの
愛してほしい　命をかけて
あなたが私の　恋人ならば

★スペインのカミロ・セストの自作自唱で1974年にヒット。訳詩はくみ・あおいが初録音（1980年）。

あなたの声を聞く時
Plus je t'entends

（作詩・作曲：Alain Barrière）

あなたの　お話　聞きたいの
心を　酔わせる　その声
あなたの　言葉は　いつも同じ
それでも　いいから　話して

こうして　私は　聞いてるの
いとしい　あなたの　その声
どんなに　むなしい　言葉さえも
私は　信じて　しまうの
あなたが　この世に　いるだけで
私は　いのちも　いらない
死んでも　あなたの　思い出を
いだいて　あの世へ　行くわ

こうして　私は　いつまでも
あなたの　言葉を　聞くのよ
昔の　あの日と　同じように
あなたを　愛して　生きるの
貧しい　私の　この胸に
あふれる　あなたの　面影
いつもと　変わらぬ　言葉でも
私は　こんなに　幸せ
話して　ください　もう一度
やさしい　あなたの　声で

★アラン・バリエールのヒット（1963年）。訳詩の初録音は岸洋子（1964年）。

あなたのそばへ戻る時
Cuando vuelva a tu lado

(作訳・Maria Grever)

あなたのもとへ　戻ったときは
あついキッスで　迎えてほしい

たずねられても　言いわけしないわ
だから黙って　くちづけしてね

あなたのもとへ　戻ったときは
二度と私を　苦しめたりしないで

くちびる合わせ　抱きしめられて
胸のときめき　聞いていたいの

★マリア・グレベールが1934年に作ったメキシコの歌。英語版は「縁は異なもの」の題で知られる。訳詩の創唱は坂本スミ子。

あの人
El

(訳詩・作曲：Jose Luis Navarro, T. de la Huerta)

あの人が　微笑むとき
暗やみも　明るくなる

あの人が　幸せなら
私など　どうでもいいの

せつなさに　涙もかれ
この胸が　はりさけても
あの人を　愛している
いのちのかぎり

★ラテンのワルツ。1960年に訳詩。初録音は菅原洋一とロス・インディオス。

(作詩・作曲：Patxi Andion)

話し相手もないのです
あなたは聞いてくれますか

もしも　あの人に会っても
この事は　言わないでくださいね
話せば　愚痴になってしまうから

あきらめたはずの　恋でしたのに
思い出は夜ごとに　せつなく
悩ましく　つのってゆきます

まぶたに　浮かびます
あの人の　ふとしたしぐさ
ポケットに　のぞくハンカチ
口もとの　くわえ煙草のうすけむり

愚かな女の未練です
泣くに泣けない気持ちです

もしも　あの人に会ったら
さりげなく　いつわってくださいね
幸せに　暮らしてるらしいとか

あきらめたはずの　恋でしたのに
思い出は　夜ごとにせつなく
悩ましく　つのってゆきます

まぶたに　浮かびます
あの人と　別れた朝　涙に　ぬれた枕
音もなく　降っていた小ぬか雨

ラララララ…

★スペインのパツィ・アンディオンの自作・自唱
による1972年の作品。1980年訳詩。創唱・録
音は前田はるみ。

(作詩・作曲：Jacques Brel)

アムステルダムで　水夫はうたう
沖で見て来た　夢をうたう
アムステルダムで　水夫は眠る
マグロのように　波止場で眠る
アムステルダムで　水夫が死ぬ
酔って争い　刺されて死ぬ
アムステルダムで　水夫が生まれる
けだるい海の　泡から生まれる

アムステルダムで　水夫は食べる
水のしたたる　魚を食べる
歯をむき出して　運命さえも
かみくだこうと　骨までかじる
タラの臭いの　しみついた手で
ズボンのベルト　しめなおすと
ゲップしながら　ドアをあけて
すさぶ嵐に　向かってゆく

アムステルダムで　水夫は踊る
女の腰を　抱いて踊る
こわれかけた　アコーディオンの
調べに合わせ　踊り狂い
腹の皮を　よじって笑う
アコーディオンが　鳴りやんだら
その時突然　我にかえり
誇り高き　水夫に戻る

アモール・アマール
（愛することは）Amor amar

（作詩：Lucia José）
（作曲：Camilo Sesto）

アムステルダムで　水夫は飲む
飲んで飲んで　飲みつづける
世界中の　娼婦たちに
乾杯をして　飲みつづける
金貨一枚で　操(みさお)を売る
女のために　飲みつづける
酔いがまわると　鼻汁(はな)をかんで
涙をおさえ　水夫は叫ぶ
万歳　アムステルダム！

★ジャック・ブレルの1964年の作品。
　訳詩の創唱・録音は堀内環。

恋の古い傷あとが身にしみて
空さえ涙を　流しているわ
アモール　おそらくあなたは
私なんか　忘れたでしょう
アモール　アマール

愛をなくした部屋の淋しさに
窓に夢をうつして　見ているの
アモール　時にはあなたも
思い出して　くださるかしら
アモール　アマール
二度とかえらない
幸せにあふれた月日を

未練などは　捨てようと　思うけれど
ついあなたの名前を呼びたくなるのよ
アモール　いつかは　ふたたび
めぐり逢える日が　来るでしょう
アモール　アマール

愛した人は　あなただけよ
夜も昼も　まぼろしを　抱きしめて
ただひとり　耳をすましていると
アモール　今にも　あなたの
足音が　聞こえて来るわ
アモール　アマール

★スペインのカミロ・セストが1972年に発表。
　訳詩の創唱・録音はくみ・あおい（1980年）。

アモール・ミオ
Amor mio

（作詩・作曲：Manuel Alejandro）

笑って　アモール・ミオ　笑って
涙を見せずに行かせて
夢みて　アモール・ミオ　夢みて
ぼくの帰りを待っていて
愛して　アモール・ミオ　愛して
あしたの朝日がのぼるまで
うたって　アモール・ミオ　うたって
やさしい歌声つきるまで
ベサメ　アモール・ミオ　ベサメ
憂いなのか　影なのか
あなたの瞳がかげるのは
アモール・ミオ　アモール・ミオ
ベサメ　アモール・ミオ　ベサメ
涙なのか　雨なのか
あなたの顔を濡らすのは
アモール・ミオ　アモール・ミオ

信じて　アモール・ミオ　信じて
必ず帰って来るからね
知らせて　アモール・ミオ　知らせて
その日その日の出来事を
思って　心に思って
別れは人のさだめだと
けれどもぼくには言えない
悲しい最後のさよならを
ベサメ　アモール・ミオ　ベサメ
宝なのさ　夢なのさ
あなたのやさしい微笑みは
アモール・ミオ　アモール・ミオ
ベサメ　アモール・ミオ　ベサメ
命なのさ　恋なのさ
あなたが好きだ誰よりも
アモール・ミオ

★スペインのラファエルが 1974 年に放ったヒット。翌年彼の来日時に訳詩・録音。

ある古い歌の伝説
Memorias de una vieja canción

（作詩・作曲：Horacio Guarany）

今日も空はくもって
冷たい雨が窓を打つ
ひとりギターをつまびいて
古い歌を口ずさむ
それは遥かな浜辺で
あなたとともに聞いた調べ
けれど枯葉散る秋
　暗く悲しい雨が降る

（くりかえし）'
　忘れはしないわ　愛しているから
　ゆうべもあの歌を
　思い出しては泣いていたの
　川の水は流れ
　月日は過ぎてゆく
　そのあとに残った
　苦い涙と古い歌

愛がつづくかぎり
悩みもまた果てしない
うつろな部屋の片すみに
いとしい人かげ目に浮かぶ
それはタバコふかして
やさしく微笑んでいるあなた
けれどすべてはまぼろし
暗く悲しい雨が降る

（くりかえし）
　ラララ……

★アルゼンチンのオラシオ・グアラニが作った 1971 年のヒット。訳詩の初録音は小堀順子。

淡き光に
A media luz

(作詩：Carlos César Lenzi)　(作曲：Edgardo Donato)

(その１)
街の片隅の　愛のかくれ家
二階の部屋には　甘いカクテル
邪魔もはいらない　ふたりの世界
鳴りひびくピアノ　すすり泣くレコード
古いタンゴの　やさしい調べに
恋が目ざめる

(くりかえし)
　ふたりだけの　このひと時
　交わすくちづけ　燃える心
　夢のような　恋の部屋は
　淡い光の　たそがれ時

会いたくなったら　電話かければ
昼でも夜でも　ここは天国
踊り疲れたら　ベッドでやすむ
柔らかい枕　快いクッション
恋の道具は　何から何まで
そろっているよ

(くりかえし)

(その２)
恋という名の　夢を信じて
さまようまなざし　ふるえる心
ひとりもの思う　みじめな気持ち
わけもないのに　こみあげる涙
とぎれとぎれに　口ずさんでみる
タンゴの調べ

(くりかえし)
　窓にうつる　影がゆれて
　甘いまぼろし　消えたあとに
　誰もいない　ぼくの部屋は
　淡い光の　たそがれ時

恋という名の　酒に酔いしれ
むなしくさめては　傷つく心
ふかす煙草さえ　ほろ苦い味
未練がましい　書きかけの手紙
胸の痛みに　しみわたるような
タンゴの調べ

(くりかえし)

　いつか君と　ふたりだけで
　ともに暮らせる　時が来れば
　今は暗い　ぼくの部屋も
　淡い光の　夢の世界

★ 1925年にミュージカル・ショーのために作られたウルグァイのタンゴ。訳詩のその１は菅原洋一が録音（1969年）、その２はフランク永井が録音（1978年）。

哀れなネグロの大旅行
Le grand voyage du pauvre negre

（作詩：Raymond Asso）
（作曲：René Cloerec）

照りつける太陽　波ひとつない海
貨物船は進む　ボルネオめざして
船底ではたらく　哀れなネグロ、ネグロ
汗水流して　くたびれきって
　　オーヨー　オーヨー
　　神様ひどいよ　うちへ帰らせて
　　ちょっとこの船を　見てただけなのに
　　デッキで寝ていたら　沖へ動き出した
　　船長が言ったよ
　　おいネグロ、はたらけと
　　神様ひどいよ　うちへ帰らせて
　　オーヨー　オーヨー

故郷(くに)を遠く離れ　港から港へ
貨物船は進む　世界の果てまで
船底で泣いてる　哀れなネグロ、ネグロ
骨が見えるほど　やせおとろえて
　　オーヨー　オーヨー
　　神様ひどいよ　うちへ帰らせて
　　休むひまもなく
　　かまを焚きつづけ
　　海が踊るのも　青空も見えず
　　船底ぐらしは　まるで地獄だよ
　　神様ひどいよ　うちへ帰らせて
　　オーヨー　オーヨー

明るい月の夜　ほのかな島かげ
突然「うちだ」と　海へ飛び込んで
波間におぼれる
哀れなネグロ、ネグロ
もがいて叫んで　沈んでいって…
　　オーヨー　オーヨー
　　神様ひどいよ　うちへ帰らせて
　　神様助けて　とても泳げない
　　島は遠すぎる　疲れてしまった
　　もう駄目だ　神様
　　ひどいよ　ひどいよ

★エディット・ピアフが1938年に録音。
　訳詩の創唱は栗原道子（1983年）。

アングスティア
Angustia

(作詩・作曲：Orlando Brito)

夢は　はかなく消え
悩み　はてしもなく
甘い　思い出さえ
胸に沁みる夜よ
いのちをかけて　愛した人の
とわに忘れられぬ
いとしい　そのおもかげ

★キューバの歌。訳詩の創唱・録音はジュン池内（1967年）

アンサンブル
Ensemble

(作詩・作曲：Salvatore Adamo)

思い出すのが　苦しいから
二度と恋など　したくないと
心に決めていた　そんな私なのに
あなたのやさしさに　めざめたのよ
今　私は　愛してる　愛してる
誰よりもあなたが　好きよ　好きよ

日ごと夜ごとに　つのる思い
たまらないほど　いたむ心
あなたの面影を　そっと胸に抱いて
涙にくれていた　私なのよ
今あなたに　愛されて　愛されて
よみがえる　私の　いのち　いのち

どんなにつらく　悲しいときも
あなたに会えば　悩みも消える
夢のような恋を　知った今
放さないわ　この幸せを
いのちかけて　愛し合い　愛し合い
はてしない恋に　生きるふたり
ふたり　ふたり　ふたり

★アダモの1967年の作品。同年訳詩、岸洋子が録音。

行かないで
Ne me quitte pas

(作詩・作曲：Jacques Brel)

行かないで　忘れよう
過ぎ去った　ことはみな
忘れよう　誤解して
無駄にした　あのころを…
忘れよう　幸せな
はずだった　不幸な日を…
行かないで　行かないで
行かないで　行かないで

君に贈ろう　雨の降らぬ
国から来た　雨の真珠
ぼくは掘ろう　あの世まで
君を包む　黄金(おうごん)を…
築くのだ　愛がすべて
支配する　王国を…
行かないで　行かないで
行かないで　行かないで

行かないで　作りたい
君だけが　わかる言葉
話したい　消されても
燃え上がる　恋ごころ
聞かせたい　君に会えずに
死んだ男の　物語
行かないで　行かないで
行かないで　行かないで

遠い昔の　火山でも
突然噴火　するじゃないか
焼き払った　畑からは
多くの麦が　とれるじゃないか
夕空では　赤と黒が
ひとつになって　燃えるじゃないか
行かないで　行かないで
行かないで　行かないで

行かないで　これ以上
言いたくない　泣きたくない
片すみに　身をかくし
君をじっと　見つめよう
なりたいのだ　君の影に…
手の影に　犬の影に…
行かないで　行かないで
行かないで　行かないで

★ジャック・ブレルが1959年に作った名作。
　訳詩の創唱は堀内環。

行かないでマニエル
N'y va pas Manuel

（作詩・作曲：Michel Emer）

小さいころ　彼はとても
　　腕白な　子供だった
西部劇や　ギャング映画の
　　真似をして　遊んでいた
いつも町を　走りまわって
　　乱暴ばかり　はたらいた
母親はただ　おろおろと
　　祈るように　くり返した
　　ダメよ　マニエル　ダメよ
　　悪い仲間と行かないで
　　バチがあたるでしょう
　　いつか　いつか
　　気がつく　時には　もうおそいのよ
　　お願いだから　ダメよ
　　マニエル行かないで

時は流れて　今では彼は
　　暗黒街の紳士
楽しく生きて　ゆくためには
　　たくさんお金がいるが
やばいことでも　しなければ
　　そうはかせげる　ものじゃない
夜ごとに彼が　出かけてゆく時
　　その妻は泣いて　ひきとめた
　　ダメよ　マニエル　ダメよ
　　今夜だけは行かないで

　　胸がさわぐのよ　なぜか　なぜか
　　気がつく　時には　もうおそいのよ
　　お願いだから　ダメよ
　　マニエル行かないで

けれど彼は　耳も貸さず
　　荒かせぎに出かける
これを最後に　足を洗い
　　高とびしようかなどと
考えながら　足音しのばせ
　　獲物に近づいてゆく
その時かすかに　どこからともなく
　　聞こえて来る　あの声……
　　ダメよ　マニエル　ダメよ
　　お願いだから　行かないで
　　けれどもう　手おくれ
　　あなたは　死ぬわ
　　あぶない…マニエル…気をつけて
　　ダメよ　マニエル　ダメよ
　　マニエル…あぶない…マニエル
　　…おお　マニエル……

★エディット・ピアフが1953年に録音。
　訳詩の創唱は伏見淑子。

一日のはじまり
Au point du jour

（作詩：Henri Gougaud）
（作曲：Jean Ferrat）

新しい陽がのぼり　どこかで乳飲み子の
泣き声が聞こえて　世界の一日が始まる

誰かが拭いている　店のガラス窓
パンが焼き上がり　街の一日が始まる

バラ色の夢を　終わりまで見とどけ
寝ぼけまなこ開いて　私の一日が始まる

射し込む日差しを　肌に浴びながら
身支度をととのえ　あなたの一日が始まる

テレビのニュースは　恐ろしい事件
爆弾の響きで　朝のない一日が始まる

これでいいのかしら　幸せを恥じながら
コーヒーの香りで　人生の一日が始まる

★ジャン・フェラが1967年に録音。
　訳詩の創唱・録音は奥田真祐美。

いつかある日
Un jour, un jour

（作詩：Louis Aragon）
（作曲：Jean Ferrat）

風の中に聞こえて来る
　立ち上がった仲間の歌
自由のため　命かけて
　戦おうと叫ぶ詩人
だが突然　その叫びも
　鉄の雨に打ち消されて
世界中が鳴りをひそめ
　はびこるのは暴力だけ

（くりかえし）
　けれどいつか
　バラ色の日が訪れ
　人が武器を
　捨てるその日こそ
　私たちは　愛し合える
　さえずっている
　小鳥のように

希望もなくひざまづいて
　私はただ祈るばかり
勝ち誇った　けものたちは
　銃をかまえ石を投げる
命さえも取引きされ
　絶え間もなくすすむ破壊
家も街も焼きはらわれ
　悪魔の手に光る刃(やいば)

いつの日か
Un jour tu verras

(作詩：Marcel Mouloudji)
(作曲：Georges Van Parys)

（くりかえし）

終わりのないこの戦い
　みじめ過ぎるこの争い
勝った者も　負けた者も
　みんな同じ人間なのに
生まれて来る子供たちに
　なんの罪があるというのか
生まれながら背負わされる
　戦争という暗い宿命

（くりかえし）

★ジャン・フェラが1966年に録音。
訳詩の創唱・録音は島本弘子（1983年）。

いつの日か　どこかの町で
あなたに会う　その時には
見つめあって　交わす笑顔
手に手をとり　道をゆこう

時を忘れ　星の下で
胸ふるわせ　愛を語れば
舗道の石も　恋に酔って
やさしくふたりを迎える

町はずれの　踊り場から
わびしい歌が　聞こえて来る
耳に残る　あの調べも
私たちの　幸をうたう

あなたの胸に　頬よせれば
言葉もなく　時は流れる
恋をおどる　瞳は燃えて
闇の彼方を　明るく照らす

★1953年にムルージの歌でヒット。映画「寝台の秘密」でも歌われた。1960年に訳詩。

いとしのアリーヌ
Aline

(作詩・作曲：Christophe)

砂浜に　えがいた
あの人の　おもかげは
冷たく　降る雨に
ぬれながら　消えてゆく
　私は叫ぶ　雨よ教えて
　昨日の夢は　今はどこに

幸せに　愛し合った
夢のような　あのころ
私は　信じない
あの恋の　終わりを
　私は叫ぶ　夜よ教えて
　昨日の夢は　今はどこに

岸辺に　寄せる波も
思い出を　運んで来る
　私は叫ぶ　海よ教えて
　昨日の夢は　今はどこに

★クリストフが1965年に放ったヒット。訳詩は66年。初録音は奥田晶子（1993年）。

いとしのマチルダ
Mathilde

(作詩：Jacques Brel)
(作曲：Gérard Jouannest)

母さん　祈ってくれ　ぼくを救うために
マチルダが帰って来る
おやじ　酒はいらない　涙を飲むから
マチルダが帰って来る
メイドのマリアよ　部屋を片づけろ
マチルダが帰って来る
友よ　見ててくれ　ぼくは戦うんだ
のろわしいマチルダと

高鳴る心よ　夢中になるなよ
マチルダが帰っても
見て見ぬふりしろ　美しくなって
マチルダが帰っても
思い出すがいい　胸もはりさけた
マチルダの裏切り
友よ　言ってくれ　もう二度と会うなと
のろわしいマチルダに

震えるこぶしよ　ぶったりするなよ
マチルダが帰っても
家出した犬が　戻ったと思え
マチルダが帰っても
思い出すがいい　悲しみに満ちた
マチルダのいない家
にぎった　手を開くな　腕をさしのべるな
近寄ったマチルダに

今はダメ
Ahora no

(作詩・作曲：Lorita De La Corrina)

母さん　祈らないで　ぼくは神に背く
マチルダが帰って来た
おやじ　酒を持って来い　悪魔の宴会だ
マチルダが帰って来た
メイドのマリアよ　ベッドを用意しろ
マチルダが帰って来た
友よ　何も言うな　ぼくは地獄へ行く
いとしいマチルダと
マチルダ…

★ 1964年にジャック・ブレルが発表。訳詩の創唱・録音は堀内環。

愛してほしいのに
　見てもくれないあの人
抱かれていたいのに
　来てもくれないあの人
燃えていた私　さめていたあの人
信じていた私　裏切ったあの人

（くりかえし）
　もうダメよ　もう愛せないわ
　もうダメよ　お別れしましょう
　アオラ　ノ・ノ・ノ
　明日からひとりで
　アオラ　ノ・ノ・ノ
　私は生きるの

泣いている私を
　あの人は笑った
まるで住む世界が
　別だったみたいね
何がおころうと　私のせいじゃない
許せないあの人
許すのは　いつかしら

（くりかえし）

★マノエージャ・トーレスが歌って1980年にヒットしたメキシコの歌。1994年に訳詩。

祈 り
Ruega por nosotros

(作詩：Alberto Cervandez)
(作曲：Ruben Fuentes)

（その１）

セニョール　あなたのみ前に　私は祈る
今ははるかあの世の
君が御霊(みたま)安かれと
神の恵みは果てしなく
どんなに貧しい人にも
とわの慰めを与え　痛む胸をいやし給う

いつも夢に見る　ありし日の姿
帰らぬ思い出　心にいだいて
来る夜も来る夜も　涙にむせんで
この世の闇路を　苦しくさまよう
セニョール　許してください
　　死にゆく身を
愛した君のもとへと
　　行ってしまうこの私を

（その２）

なぜあなたは　私をひとり残して
遠い　あの世へ行ったの
さようならも言わないで
なぜあなたは　私をひとり残して
見知らぬ　あの世へ行ったの
さようならも言わないで

夜ごと夢みる　あなたの姿
日ごとよみがえる　昔の思い出
星に祈って　夜風に泣いて
私ははさまよう　むなしいこの世を
今　私のせつない　祈りはひとつ
このまま死んでゆきたい
　　あなたのいる空の彼方へ

★ウアパンゴという形式のメキシコの歌。訳詩その１の創唱・録音は宝とも子（1965年）、その２はロス・インディオス（1968年）。

インシャラー
Inch'allah

(作詩・作曲：Salvatore Adamo)

夜空に輝く　月影はあおく
この世を流れる　歌声は哀しい
嘆きのエルサレム　その岩かげから
聞こえて来るのは　ひなげしの祈り

平和をささやく　教会の鳩よ
お前は知らない　近づくあらしを
清らかな泉も　戦いに荒らされ
水を汲みにゆくのも　命がけのこと
インシャラー　インシャラー
インシャラー　インシャラー

敵地にとらわれ　戦場に眠る
勇士の涙で　オリーブは実る
茂みを横切る　鉄条網には
蝶々が止まって　バラを眺めてる
子供らはふるえて　泣き叫んでいるのに
どこへ行ってしまったの
イスラエルの神は
インシャラー　インシャラー
インシャラー　インシャラー

あらしがすべてを　倒したあとには
新たな勇気が　道をきりひらく
栄えあるエルサレム
その岩かげには
祈りを捧げるひなげしの姿
ささやかな祈りに　みんな声を合わせ
歌声はのぼりゆく　晴れた空高く
インシャラー　インシャラー
インシャラー　インシャラー

★アダモの1966年の作品。訳詩の創唱・初録音は岸洋子（1967年）。

歌いつづけて（舞台で死にたい）
Mourir en scene

（作詩：M.Jouveaux）
（作曲：J.Barnel）

人生はショウなのね
やがては来るでしょう
幕を下ろす日が
人生がショウならば
楽しくやりましょう
せめてフィナーレを

もしもこの世を去ってゆく
時がわかり
もしも好きな死に場所を
選べるなら

（くりかえし）
　微笑んで死にたい　この舞台で
　華やかなライトに　涙をかわかし
　さよならのかわりの　アンコールに
　なつかしいシャンソン　うたいながら

恋もまたショウなのね
愛するふりをした
あなたにとっては
恋さえもショウならば
踊りつづけましょう
ラスト・ダンスまで

けれど暗くしないでね
ステージの上は
今がクライマックスの
シーンだから

（くりかえし）

　微笑んで死にたい　この舞台で
　歌がいのちの　私だから

★ダリダが1983年に録音。翌84年に訳詩し、原題そのままの「舞台で死にたい」という邦題で島本弘子が創唱・録音。その後1985年にダリダのレコードが「歌いつづけて」の題で日本発売された。

歌がはじまる
Les chansons commencent

（作詩・作曲：Jean Jacques Goldman）

男と女が愛に傷ついて
　　別れの言葉をさがす時
平和の夢をみながら　みなしごか眠る時
人がこの世を　去ってゆく時

話し合う言葉さえ燃え尽きて
　　お酒の力を借りたくなる時
喜びや悲しみに 胸が張り裂ける時
生きてることがむなしくなる時

歌がその時はじまる　沈黙を破って
歌は語りかける
　　言葉より重い言葉を語る
歌がその時はじまる　沈黙を破って
歌は話しかける
　　世界中の人の心に話しかける

ゆたかな実りをかたく信じながら
　　希望という種を撒く時
自由と愛を求め　十字架に祈る時
つらいさだめに　空を仰ぐ時

ささやかな夢がやっとかなって
　　ふたりでグラスを重ねる時
何も言わずに抱き合って
　　あふれる涙ぬぐう時
時の流れが突然止まってしまう時

歌がその時はじまる　沈黙を破って
歌は語りかける
　　言葉より重い言葉を語る
歌がその時はじまる　沈黙を破って
歌は鳴り響く
　　世界をひとつに結んで鳴り響く

私は歌う　命のあるかぎり
私は歌う　歌があるかぎり

★ 1999年にパトリシア・カースが録音。
　訳詩の創唱と録音は小林麗子（2008年）。

ヴェニスの愛
Anonimo veneziano

（作詩：Berreta）
（作曲：Stervio Cipriani）

ただひとり　何を見ているの
涙ぐむような　瞳で
水に影うつす　夜のヴェニスでは
死んだ恋さえも　よみがえるのね

覚えてるわ　愛に酔っていた
ゆれるゴンドラの　ふたりを
夢はさめてゆく　恋もあせてゆく
甘い思い出を　残して
さよなら…

忘れないわ　愛に傷ついて
町をさまよった　ふたりを
時は過ぎてゆく　恋も去ってゆく
苦い後悔を　残して
さよなら…

★1970年のイタリア映画「ヴェニスの愛」の主題曲。のちに歌詩がついてカンツォーネとなった。同年(1970年)に訳詩。

歌声高く
Lanza tu voz

（作詩・作曲：Juan Prado）

私と歌いましょう
歌声高らかに
あなたと話しましょう
夜明けの街角で
歌う時　話す時
そこに愛が生まれ
あなたも私も　誰でも　人は仲間
みんなで歌いましょう
歌声高らかに
歌えば　心晴れて
消えてゆく悩み
生きるのがつらくなった
こともあるけれど
くちびるに　歌があれば
なんとかなるわ
みんなで歌いましょう
歌声高らかに…
（以下くりかえし）

★スペインのカミロ・セストの歌で1972年にヒット。訳詩の創唱・録音はくみ・あおい（1980年）。

美しい恋の物語
La belle histoire d'amour

(作詩：Edith Piaf)
(作曲：Charles Dumont)

あなたなんか　忘れたいの
遠い過去の　闇の中に
破ったのは　あなたなのよ
愛し過ぎた　この心を

（くりかえし）
　　目を閉じれば　今も浮かぶ
　　私たちの　甘いロマンス
　　恋に生きて　恋に泣いた
　　ふたりだけの　あの思い出

信じたのに　愛したのに
この私を　捨てたあなた
呼んでみても　泣いてみても
もう私は　ひとりぼっち

（くりかえし）

昼も夜も　耳の奥に
聞こえて来る　あなたの声
狂おしさに　胸もみだれ
あふれ出るの　あつい涙

（くりかえし）

もう二度とは　恋はしない
忘れたいの　あなたなんか
あなたなんか　あなたなんか
あなたなんか　あなたなんか
あなたなんか

★エディット・ピアフが1960年に録音。
1969年に訳詩、前田はるみが創唱。

海の未亡人のための子守歌
Nana a una vieja viuda del mar

（作詩・作曲：Patxi Andion）

誰もいない　日暮れの海
誰かを待つ　女のかげ
夢みていた　はたちの春
とついだ先は　若い漁師

冬のあらし　近づく朝
男は舟を　沖に出した
波の底に　沈んだのか
彼は二度と　帰って来ない

空に祈り　風に叫び
泣き疲れた　女ひとり
時は流れ　年は移り
もうすべては　昔ばなし

誰もいない　浜辺の秋
老いのせまる　女のかげ
その命に　残されたのは
青い海と　思い出だけ

★スペインのパツィ・アンディオンが1969年に録音。訳詩の創唱は宝とも子（1978年）。

海へ行く列車
Tren, viaje hacia el mar

（作詩・作曲：Patxi Andion）

古びたシートに　腰をおろして
この世を旅する　見知らぬどうし
老いぼれ女や　酔いどれ男
笑いと涙を　道づれにして
夜汽車は行く

冷たくかすんだ　ガラス窓には
やつれた私が　うつって見える
かわいたくちびる　うつろな瞳
消えない傷あと　心に秘めて
夜汽車は行く

あそこの席では　若いふたりが
人目もかまわず　抱き合っている
思えば昔の　あなたと私
帰らぬ年月　よみがえらせて
夜汽車は行く

こちらの隅には　老婆がひとり
背中をまるめて　まどろんでいる
おそらくあしたの　私の姿
残りの命を　刻みつづけて
夜汽車は行く

エストレリータ
Estrellita

(作詩・作曲：Manuel Ponce)

あなたのことなど　忘れるために
海辺へ行こうと　出かけたけれど
忘れたつもりの　思い出ばかり
いつしか夜明けの　終着駅に
夜汽車は着く

★パツィ・アンディオンが1972年に発表したスペインの歌。訳詩の創唱・録音 は宝とも子（1978年）。

今宵も星に祈る
愛に悩む私の胸
あの人に告げてほしい
あなたなしでは生きてゆけないと

空の星が見ていた
この私の胸の奥に
燃えている愛のほのお
ひとり淋しく流すこの涙

愛の星よ　おまえこそ
ただひとりの友だち
あの人に告げてほしい
あなたなしでは生きてゆけないと

★メキシコの作曲家ポンセが1914年に発表した歌曲集の一編。訳詩の創唱は黒川泰子（1992年）。

エルサレムのクリスマス
Noël à Jerusalem

（作詩：Jacques Demarny）
（作曲：Enrico Macias）

雲たなびく　エルサレムの街の
クリスマスには　歌も聞こえず
子供の笑い声もない

すすまみれの　壁に身をかくして
涙ながらに　祈りつづける
傷ついた人の姿

なぜ　人間どうしが　戦うのですか
なぜ　人は心を　捨ててしまったのですか
夜もふけゆく　エルサレムの街の
クリスマスには　幼な子たちが
泣き疲れて　夢を見る

ただつかの間の　夢みる世界は
戦争もなく　貧しさもない
幸せな愛の国

でも　いつか必ず　平和が訪れる
でも　やがて楽しいクリスマスを祝う日が…

夜が明けゆく　エルサレムの街で
サンタクロースの　夢を見た子が
微笑んで　目をさます

希望を捨てず　明日を信じて
力強く人は生きる
ア・エルサレム

★エンリコ・マシアスが1969年に発表した反戦歌。訳詩の録音は下田まゆみ。

エル・パニュエリート
（白いスカーフ）El pañuelito

（作詩：Gabian Corea Peñaloza）
（作曲：Juan De Dios Filiberto）

白いパニュエリート　私の心をこめて
捧げた　このパニュエロ
君は捨てて　かえり見ず
君去りし夜　私のうつろな胸に
残るは　このパニュエロ
ともに嘆き　ともに泣く

恋のパニュエロ　はかなくも
恋のパニュエロ　夢は消え
恋のパニュエロ　いだきしめ
闇の中をゆく私

泣けパニュエリート　悲しみを
呼べパニュエリート　君の名を
行けパニュエリート　いつまでも
恋のいのち　つきるまで

このパニュエリートは　嘆きの友よ
ふたりの恋を　お前は見てた
お前にしるした　いとしいその名
今ではそれも　涙にぬれて

★1920年に発表されたアルゼンチン・タンゴ。
　1962年に訳詩、創唱は前田はるみ。

縁は異なもの
What a diff'rence a day made

（作詩：Stanray Adams）
（作曲：María Grever）

縁は異なもの　不思議なものよ
昨日は他人　今日は恋人
ひとりで泣いた　昨日の私
今日はふたりで　恋を語る

甘い口づけ　交わす誓いに
あらしは晴れて　明るい陽が輝く
七いろの　虹の彼方に
夢みるような　希望がある

あなたの私　私のあなた
夜露にぬれた　愛の花が
ふたりの胸に　咲きそめる時
幸せ満ちた　夜明けが来る

甘い口づけ　交わす誓いに
あらしは晴れて　明るい陽が輝く
七いろの　虹の彼方に
夢みるような　希望がある
ああ　縁は異なものよ

★メキシコの歌「あなたのそばへ戻る時」の
　英語版。1963年に訳詩。

王様の牢屋
Les prisons du roy

（作詩・作曲：Irving Gordon）
（仏訳詩：Michel Rivgauche）

陽も当たらない　王様の牢屋
あの人は　捕らえられて　ああ…
ただひとり　望みもなく　ああ…
二度ともう　会えないの　この世では
あの人は盗みました　輝くダイヤを

思い出すのは　あの人の言葉
「お前のためならば　ああ…
怖れない　どんな罪も　ああ…」
二度ともう　聞けないの　その言葉
あの人が盗んだのは　私のせいです

陽も当たらない　王様の牢屋
あの人を　捕らえるなら　ああ…
いっしょに　この私も　ああ…
牢屋のその奥に　閉じこめて
あの人のまごころを　盗んだ私を

あなたとともに　私は行きます
牢屋の中まで

★原曲はアメリカの歌。1957年にエディット・ピアフが録音してからシャンソンとして知られるようになった。訳詩の創唱は前田はるみ（1969年）

大いなる海よ
Toi, la mer immense

（作詩：Jacques Demarny）
（作曲：Enrico Macias）

海よ　波よ　見に行って
そして教えて　かくさずに
故郷(くに)に残した　あの人は
無事に暮らして　いるだろうか

海よ　風よ　持って来て
母がうたった　子守唄
幼なごころに　夢みてた
愛をさえずる　あの　青い鳥を

海よ　ともに　連れてって
遥か　遠い　ふるさとへ
思い出すたび　淋しくて
こらえ切れずに　泣いていた

どこへ　行こうと　いつの日も
忘れられない　ああ　あの面影
海よ　波よ　吹く風よ
せめて話して　ふるさとを

★エンリコ・マシアスが1969年に発表。同年訳詩し彼が日本語で1972年に録音。日本人の初録音は岡田みどり。

奥様お手をどうぞ
Ich Küsse ihre Hand Madame

（作詩：Fritz Rotter）
（作曲：Ralph Erwin）

やさしいその手に　ふれるだけで
胸はときめいて　夢見ごこち
聞かせてください　甘い言葉
日ごと夜ごとに　つのるこの思い
与えてください　お手をどうぞ

かたときも　忘れない
あでやかな　君の姿
たまらなく　悩ましい
さりげない　君のしぐさ
命をかけても　惜しくはないほど
心の底から　君ひとりを
愛するひとみに　浮かぶ涙
許してください　あついキッス
あきらめていても　燃える恋ごころ
かなえてください　この願いを

★1928年に作られたドイツ・タンゴ。
　訳詩はフランク永井が録音（1978年）。

オペラ座のダンサー
Le danseur

（作詩：Pierre Delanoë）
（作曲：Gilbert Bécaud）

人並みはずれた　天才だった
鳥が飛ぶように　美しく踊った
オペラ座の　ダンサー
彼の故郷（くに）は　舞台うらの
閉じこめられた　籠の鳥の　世界
踊って　踊って　踊った　彼の　人生
飛んで　飛んで　飛んだ　彼の　才能

客は立ち上がり　花を投げて
拍手喝采　（拍手喝采）
そこである夜　もっと高く
飛ぼうとして　彼は舞台に
バッタリ　倒れた
ほんのささいな　失敗だったが
新聞は書きたて　栄光は地に　おちた
踊って　踊って　踊った　彼の　人生
宙に　浮いて　傷ついた　才能

飛びそこねた　みじめな鳥は
どこへも行けない
だから彼は　屋上から　身を投げた
最後のジャンプを　飛んだ　飛んだ
オペラ座のそばを　通る時は
見上げてごらん
ホラあそこに　浮かんでる
踊って　踊って　踊る　彼の　姿
飛んで　飛んで　飛んで　ゆく　ダンサー
踊って　踊って　踊る　彼の　姿
飛んで　飛んで　飛んで　ゆく　ダンサー

★ジルベール・ベコーが1977年に発表した。訳詩の
　創唱は堀内環。

おまえ（あなた）を愛してる
Aïe, aïe, aïe, je t'aime

（作詩：J.Demarny, E.Macias）
（作曲：E.Macias, J.Claudric）

【男性用】
私としたことが　恋におちるなんて
そのおかげで　人生は　まるで地獄
人には馬鹿にされ　別れるつもりでも
会うや否や　我を忘れ
抱きしめたくなる
アイアイアイ　アイアイアイ
アイアイアイしてる
朝から晩まで愛してる
アイアイアイ　アイアイアイ
アイアイアイしてる　おまえを愛してる

約束にはおくれ　やきもちをやかせる
この私が　帰る時も　家にいない
洗濯もしないし　炊事もまるでダメ
だから夜ごとレストランへ食べに出かける
アイアイアイ　アイアイアイ
アイアイアイしてる
料理が下手でも　愛してる
アイアイアイ　アイアイアイ
アイアイアイしてる　おまえを愛してる

風呂へはいるほかは
部屋じゃいつも寝間着
昼過ぎまでベッドに居て　起きて来ない
悪いことはみんな　私のせいにする
ひどい女　だけどそれが
彼女の魅力
アイアイアイ　アイアイアイ
アイアイアイしてる
何から何まで愛してる
アイアイアイ　アイアイアイ
アイアイアイしてる
おまえを愛してる

【女性用】
恋してしまったの　とんでもない人に
そのおかげで　人生は　まるで地獄
別れたほうがいいと　みんなが言うけれど
会うや否や　彼の腕に
飛び込んでいるの
アイアイアイ　アイアイアイ
アイアイアイしてる
朝から晩まで愛してる
アイアイアイ　アイアイアイ
アイアイアイしてる　あなたを愛してる

うれしい約束も　口先だけの嘘
喜ばせて　あとで泣かす　ひどい男
バクチが大好きで　仕事はまるでダメ
だから夜ごと　この私が　働きに出る
アイアイアイ　アイアイアイ
アイアイアイしてる
稼ぎがなくても　愛してる
アイアイアイ　アイアイアイ
アイアイアイしてる　あなたを愛してる

昼過ぎまで眠り
ベッドで朝ごはん
二日酔いを覚ますために　風呂へはいる
わがままいっぱいの　道楽者なのに
あるがままの　その魅力に
逆らえないの
アイアイアイ　アイアイアイ
アイアイアイしてる
何から何まで愛してる
アイアイアイ　アイアイアイ
アイアイアイしてる
あなたを愛してる

★エンリコ・マシアスが1989年に録音。1992年に訳詩、合掌一朗が創唱・録音（1996年）。女性用訳詩の初録音は橘妃呂子（2008年）。

想い出の瞳
Et pourtant

(作詩：Charles Aznavour)
(作曲：George Garvalentz)

新たな夜明けが訪れ
明日(あした)が昨日になり
恋もやがて過ぎてゆくわ
けれど　けれど
心に未練を残さず
私は旅に出るの
過去はみんな忘れるのよ
消えて行った恋の夢も
　　けれど　ただ　あなただけ
　　いつまでも　あなただけ
　　愛してる　あなただけ
　　けれど

私は涙も見せずに
あなたと別れましょう
空は青く澄んでいるわ
けれど　けれど
あなたのつれない仕打ちを
どうして忘れられて
どんな遠い国にいても
昼も夜も思い出すわ
　　そうよ　ただ　あなただけ
　　私には　あなただけ
　　愛してる　あなただけ
　　けれど

この世の幸せ求めて
私は生きなければ
あなたなんかどうでもいい
いつか　いつか
誰かが私を愛して
その手に抱かれるとき
あなたの名を消し去るのよ
恋の海におぼれながら
　　けれど　ただ　あなただけ
　　いつまでも　あなただけ
　　愛してる　あなただけ
　　けれど　ただ　あなただけ
　　いつまでも　あなただけ

★ 1963年の映画「アイドルを探せ」の中で、シャルル・アズナヴールが歌った。1964年に訳詩。

想いの届く日
El día que me quieras

(作詩：Alfredo Le Pera)
(作曲：Carlos Gardel)

あなたの声の　夢のようなささやきと
微笑みかける　その瞳の輝きに
私の胸は　あつく燃えてときめいて
痛みはうすれ　悩みも消える

愛の想いが　届くその日は
バラの香りが　満ちあふれて
ふたりのために　鐘は高鳴り
泉もうたう　甘い調べ

愛の想いが　かなうその夜
空にまたたく　星のかげに
あなたの髪が　あやしく揺れて
庭の茂みの中に　光るほたる

愛の想いが　届くその日は
空は明るく　晴れわたって
そよ吹く風も　流れる水も
さざめきうたう　甘い調べ

愛の想いが　かなうその夜
幸せいろの　夢の中に
悲しいことも　苦しいことも
すべて忘れて　恋に酔うふたり

★タンゴ界の大御所カルロス・ガルデル を主演にアメリカで制作された1935年の映画「想いの届く日」の主題歌。1983年にコンサート用に訳詩。

オルフェの歌（黒いオルフェ）
Manha de carnaval

(作詩：Antonio Maria)
(作曲：Luiz Bonfa)

明けそめし空に　うすれゆく星よ
ひと夜の夢　はかなく消え
頬をぬらす　涙よ
庭に咲く花も　朝露にぬれて
かりそめの　短かき夜の　思い出
遠き空に　雲は流れ
君のかげ去りゆく

たそがれの海に　のぼりゆく月よ
思いをこめ　われは祈る
君がすがた　求めて
はかなきは恋の　さだめなきいのち
とこしえの　誓いも今はいずこぞ
君を待ちて　浜に立てば
月のかげさやけく

★1959年の映画「黒いオルフェ」の主題曲。映画公開の1960年に訳詩。

女の子
Une enfant

(作詩・作曲：Charles Aznavour)

道を歩いてゆく　女の子は 17 歳

娘は育った　何不自由もなく
けれども彼女は　恋してしまった
口説きの上手な　ひとりの若者に…
若さのほかには　なんにもなかった
手に手をとり合って　かけおちした時は…

道でうたっている　女の子は 17 歳

どうでもよかった　彼さえいるならば
貧しく楽しく　ふたりは暮らした
世間にかくれて　住まいをかえながら…
過去など忘れて　未来を信じた
心に果てしない　宇宙があるかぎり…

道で涙流す　女の子は 17 歳

娘は愛した　あまりに愛しすぎた
けれども男は　彼女を見捨てた
恋するだけでは　生きてはゆけないと…
こうして娘は　初めてさとった
人生に敗れて　飢えのおそろしさを…

道の　そばに倒れ
女の子は　17 歳で…死んだ
ア……

★アズナヴールの 1951 年の作品。エディット・ピアフも録音した。訳詩の創唱は栗原道子。

帰り来ぬ青春
Hier encore

（作詩・作曲：Charles Aznavour）

遠い昔を　思い出せば
懐かしさとやるせなさがまざり合って
心乱れ　胸はいたむ
幼いころ　この私は
親の愛も　知らなかった
淋しくても　悲しくても
涙こらえて　うたっていた

若い私は　夢を信じ
歌の道を　歩むために　故郷を出た
希望に胸を　ふくらませて
気に染まない　仕事もした
どんな苦労も　平気だった
愛し合った　恋人とも
別れようと　決心した

今の私は　帰って来ない　青春を
うたいつづけて　生きてゆく
歌い手として　人生を
幾年月　忘れがたい
多くの人に　励まされ
心こめて　命かけて
うたって来た　この私に
影のように　寄り添っていた
かけがえのないただひとりの　姉の姿
ありがとう　姉さん

★シャルル・アズナヴールの1964年の作品。訳詩は歌手の内田あかりの依頼で書いた。

風のささやき
Windmills of your mind

（作詩：Alan & Marilyn Bergman）
（作曲：Michel Legrand）

もう　どうにもならない
あなたと私
ころがりつづける　車のように
もつれてとけない　毛糸のように
恋には始めも　終わりもないわ
あしたはあしたで　昨日は昨日
愛し合う時は　時計をとめて
聞いていたいの　風のささやき
あなたのほかには　見えない私
暗闇さまよう　小鳥のように
波間にただよう　小舟のように
恋には理屈も　理由もないわ
他人は他人で　ふたりはふたり
愛し合う時は　瞳を閉じて
聞いていたいの　風のささやき

どうして探すの　むなしい言葉
大事にしないの　短いいのち
夏の浜辺の　恋の足あとが
寄せかえす波に　消えてゆく時
残るは悲しく　にがい思い出
うつろに覚えた　歌のひとふし
ふたりはこずえの　枯葉のように
ふるえる心で　散る日を待つの

悲しい悪魔
Pobre diablo

（作詩：Julio Iglesias）
（作曲：Manuel de la Calva, Ramon Arcusa）

どうにもならない　あなたと私
すべてを忘れて　今宵はせめて
このままじっと聞いていたいの
風のささやき

★ 1968年の映画「華麗なる賭け」の主題曲。訳詩は1972年、来日したチェコの女性歌手ヘレナが録音。日本人の初録音は石井慶子。

たしかに見たのよ
あなたと彼女の姿を
ふたりが手をとり
仲よく歩いて行くのを

あなたが私を捨てたのは
　おそらくあの娘のせいなのね
それでもあなたが好きだから
　思わずあの娘をのろったわ

愛してくれたら
やさしい天使でいるのに
あなたのおかげで
私は哀れな悪魔よ

★スペインのフリオ・イグレシアスが1978年に録音。訳詩の創唱・録音は春日沙織里（1983年）。

悲しき妻のための歌
Canción para una esposa triste

(作詩・作曲：J.C.Gil, C.Legria)

みんな　もう眠ったわ　坊やたちも
ふたりで話し合いましょう　今夜こそ
打ち明けてほしいの　すべてを
気がついていたのよ　かくしても

下手な　言いわけなんか　しないでね
悪いのは　あなたでは　ないのよ
愛のほのおが　消えてゆくのは
時という　魔法のせいだから

お別れ　しましょう
涙も　見せずに
人生ってまるで　お芝居みたいね
さよならを　言わずに
そっと　出て行って
坊やたちの夢を　さまさないように

庭の　花は咲くでしょう　春が来れば
やがて　大きくなるわ　坊やたちも
気にかけなくても　いいのよ
あなたなしで　生きてゆけるから

（語り）
待って、お別れの前に
私、あなたにお礼を言っておきたいの
とっても幸せだったわ
ついこの間まで…
でも、その方、なんていう名前？
きれい？　いい人？
あなたを愛してるの？

いや！　言わないで
聞かないほうが　気が楽だわ
気をつけて
コートを着てね、寒いから
さあ、行ってしまって！
同情なんか　されたくないの

★ 1975年にスペインやアルゼンチンでヒットしたラテン・ナンバー。訳詩の創唱・録音は前田はるみ（1980年）。

哀しみのオルビード
Ni te tengo, ni te olvido

(作詩・作曲：Luis Gardey)

何もできなくて　許してください
忘れることも　愛し合うことも
こんなにあなたを　思っているのに
恋はいつでも　愚かしいものです

生きてゆきます　思い出とともに
やさしいあなたの　ぬくもりを胸に
あなたに会えて　私は誰より
幸せでした

悔やんでみても　仕方がないけど
もっとあなたに　つくせばよかった
もっとあなたを　知るべきでした
ふたりをへだてる　みぞに気づかず
ひとりで恋に　酔っていました

★スペインのフリオ・イグレシアスが1985年に録音。同年、彼自身の依頼で訳詩。日本人の創唱はケン・バルガス。

カプリ島
Isle of Capri

(作詩：Jimmy Kennedy)
(作曲：Will Groz)

なつかしいみどりの島
遥かな夢のカプリ
しげったクルミの木かげ
微笑むあの人よ

夜明けのバラの香りが
ただようその姿に
あやしくふるえる心
語る愛の言葉

　旅路は果てなく
　恋ははかなく
　出船の汽笛に
　あふれ来る涙

名残りをこめてキスした
その手に光るリング
かりそめの恋よさらば
さらばカプリの島

★1924年に作られたイギリスのタンゴ。訳詩の初録音は菅原洋一(1969年)。

カマラード（友よ）
Camarade

（作詩・作曲：Jean Ferrat）

友という言葉は　美しい言葉
それは花盛りの　五月の出来事
同じ夢に向かって　戦った友よ
挫折の涙も　ともに味わった
カマラード　カマラード
（仲間よ　同志よ）

友という言葉は　おそろしい言葉
それは暮れなずむ　八月のプラハ
友だちの仮面を　かぶった兵士が
何をしにやって来て　何をしたのか
カマラード　カマラード
（仲間よ　同志よ）

友という言葉が　美しいままで
いつまでも心に　生きていてほしい
咲き誇る五月の　あの花のように

★ジャン・フェラが1970年に発表。

カミニート（小径）
Caminito

（作詩：Gavian Coria Peñaloza）
（作曲：Juan De Dios Filiberto）

小径をともに歩み
　愛を告げた思い出を
心に抱きしめて
　悲しくたたずめば

小径に時は流れ
　花も枯れた今はただ
はかない幸せの
　名残りを偲ぶたけ

（くりかえし）
　恋は去り　夢消えて
　小径に降る　涙雨
　帰らない　あの人の
　影を慕い　旅を行く

小径よもしもいつか
　あの人がここへ来ても
黙っていておくれ
　私が泣いたのを

小径に茂る草が
　愛のあとを消すように
やがては燃えつきる
　私のこのいのち

（くりかえし）

★1923年に作られたアルゼンチン・タンゴ。
訳詩の初録音は菅原洋一（1969年）。

カルメン物語
Carmen story

（作詩：Michel Rivgauche）
（作曲：Charles Dumont）

大きなスタジオの中の　映画のセットに
スターがふたりと　脇役　監督
助手たち数人　大ぜいのエキストラ
最初のシーンの　撮影が始まる
静かに　本番　行きます
　　カルメン・ストーリー
　　カルメン・ストーリー

待ちかまえていたのか　突然宿命が
エキストラの男と　女をおそった
互いに見交わす　ふたりの瞳に
夕映えのような　炎が輝く
その時　オーケー　カット
　　カルメン・ストーリー
　　カルメン・ストーリー

愛し合ったふたりは　衣裳に包まれ
それとは知らずに　演じていたのだ
夢みる心で　現実のドラマを…
女はカルメン　男はドン・ホセ
静かに　本番　行きます
　　カルメン・ストーリー
　　カルメン・ストーリー

ある日スタジオの中で　男は見つけた
新しい恋人に　寄りそう彼女を…
嫉妬に狂った　宿命のやいばに
声もなく倒れる　エキストラの女
その時　オーケー　カット
　　カルメン・ストーリー
　　カルメン・スト……

★エディット・ピアフが1961年に録音。訳詩の創唱は前田はるみ（1983年）。

カミネモス
Caminhemos

(作詩・作曲:Heriberto Martins)

もう　あなたの心には
恋の火も消えたのね
もう　なんにも言わないで
お別れしたほうが
嫌われるよりは　いいの
ふたりがまた逢える日まで

ただひとり　道を行けば
まぶたに浮かぶ　あなたの笑顔
いつもふたりは　恋に酔いしれ
このあたりを　よく歩いたわね

★1947年にヒットしたブラジルの歌。訳詩の初録音はロス・インディオス（1968年）。

枯　葉
Les feuilles mortes

(作詩:Jacques Prévert)
(作曲:Joseph Kosma)

思い出は過ぎた日の
帰らぬあの幸せ
この世は光あふれ
ふたりは愛していた
枯葉をかき寄せても
それがなんになる
枯葉は恋の夢か
あるいは未練なのか
吹く風に運ばれ
闇に消えてゆく
そのあとに残る
愛の歌　ひとつ

あなたと　結ばれた
私の　心に
ふたりの　よろこびが
歌って　いたのに
別れとは　この世の
つれない　さだめか
砂は海に　洗われ
足あとも　消える

★1945年に上演されたローラン・プチのバレエ「ランデヴー」の主題曲。1946年の映画「夜の門」に使われて、イヴ・モンタンの歌でヒットした。ジャクリーヌ・フランソワのために訳詩（1965年）。録音は中村浩子。

彼は笑っていた
Il riait

(作詩：Henri Contet)
(作曲：Barthole)

ひとりの若者を　私は見つけた
愛する人もなく　幸せも知らず
ふたつの瞳には　うれいをたたえて
何かを見つめてる　不思議な若者
　いつでもあの人は　酒場の片すみ
　ひとりで杯を　重ねていたっけ

　（語り）
　そして鳥打ち帽子を
　あみだにかぶり
　その身の不幸を
　吹き飛ばそうとでもするように
　彼は笑っていた

ひとりの若者を　私は愛した
破れたその心　慰めるために
冷たいこの世には　悩みがつきもの
あんたとおんなじよ　私の身の上
　愛して愛された　あの夜のふたりを
　つれなく引き裂いた　召集令状

　（語り）
　その時カーキ色の帽子を
　しっかりかぶり
　その身の不幸を
　吹き飛ばそうとでもするように
　彼は笑っていた

ひとりの若者の　手紙がとどいた
生まれて初めての　やさしい言葉で
「お前を愛してる　幸せを胸に
いくさの終わる日を夢みているよ」と…
　私は待っていた　来る日も来る日も
　むなしい望みとは　夢にも知らず

　（語り）
　けれどそのころ
　鉄かぶとをかぶったまま
　その心臓を打ち抜かれ
　冷たい土を血で染めて
　彼は笑って死んでいた
　彼は… 笑って…

★エディット・ピアフが1942年に録音。　1962年に訳詩、深緑夏代が創唱。

枯葉によせて
La chanson de Prévert

(作詩・作曲：Serge Gainsbourg)

枯葉が風に散るころ　私は思い出す
ふたりでうたった　枯葉の調べを
なつかしいその歌は　あなたと私の
心に芽生えそめた　恋を知っている

枯葉は風に吹かれて　いつか闇に消える
心に残るは　枯葉の調べよ
悲しいその歌は　あなたと私が
別れに泣いていた　夜を知っている

枯葉は雪にうずもれ　私はただひとり
涙でうたうよ　枯葉の調べを
淋しいその歌は　あなたと私の
ふたたび帰らない　恋の思い出
ふたたび帰らない　恋の思い出

★セルジュ・ゲーンズブールの1962年の作品で、創唱はミッシェル・アルノー。1964年に島崎雪子のために訳詩。初録音は金子由香利。

カンタレ・カンタラス
Cantaré, cantarás

(作詩・作曲：Albert Hammond,
　　　　　Juan Carlos Carderon, Anahi)

船を　進めよう
　　波を越え　港めざして
どこか　見つけよう
　　とこしえに　平和な国を

アミーゴ　アミーゴ
　　怖れることは何もない
夜が暗くても
　　明日という　日を待とうよ

（くりかえし）
　　カンタレ　カンタラス
　　やがてのぼる朝日が
　　照らすだろう　地球のすみまで
　　助け合おうよ　かたく腕を組んで
　　みんな同じ　人間じゃないか

分けてあげようか
　　ささやかな　希望と夢を
赤く燃やそうよ
　　胸の奥に　愛のともしび
アミーゴ　アミーゴ
できるかぎり　手を貸そう

（くりかえし）

希望の神よ
Dieu de l'espérance

（仏語歌詩：Jacques Demarny）
（作曲：ヘブライ民謡）

力を合わせれば
きっと道は開ける
どんな時にでも
あきらめず　歌いつづけて
愛の歌声で
包むのだ　この世界を

（くりかえし）

★ 1985年、ラテン・アメリカの人気歌手たちが一堂に会し、貧しい子供たちを救済するためチャリティ録音した。同年訳詩して、多くのラテン・コンサートで発表。ただし、肝心のオリジナル版は、以前に「ウィ・アー・ザ・ワールド」が大量にコピーされたという理由で、日本発売を許可されなかった。

自由もなく　夢もなく
苦しみに　満ちた国よ
命がけの　祈りさえも
銃声に　消されてゆく

　涙は　とめどなく
　平和の　日はまだ遠い
　やがていつか　この戦いの
　終わる時が　来るのだろうか
　そして飢えた　あの子供らも
　泣き止むように　なるのだろうか

希望という　名の神を
信じようと　思うけれど
祈りながらに　死んでいった
何の罪も　ない人たち

　涙を　ぬぐい去り
　平和を　かちとろう
　いつの日にか　この戦いが
　遠い過去と　なった時に
　泣き叫んだ　あの子供らも
　浮かべるだろう　微笑みを…

★ 1993年、エンリコ・マシアスが発表。彼の依頼で1994年に日本語歌指詩を書き、96年に合掌一朗が録音。

君去りし夜
La noche de tu partida

(作詩・作曲：Oswaldo Oropeza)

夢　はかなくも
暗い闇に　消え失せて
夜　別れの夜
旅路はるか　君は行く
ただ　泣きぬれて
聞くは悲し　波の音
人知れず　君を想い
頬をぬらす　この涙
君知るや　かくも愛し
かくも悩む　この心

★南米ベネズエラのワルツ。1961年に訳詩、62年に宝とも子が録音。

君を愛す
J'aime

(作詩・作曲：Salvatore Adamo)

愛という言葉も　むなしいくらい
愛しているのよ　命をかけて
風にゆれる髪も　その微笑みも
あなたの何もかも　私は好きよ

愛されているなら　何もこわくない
愛しているときは　夜か恋しい
愛し合うふたりに　過去はいらない
未来を夢みて　生きてゆくのよ

愛しても愛しても　それでも足りない
涙があふれるほど　好き
好きなあなた

★アダモが1965年に発表。訳詩は1966年、同年雪村いづみ、大木康子が初録音。

ククルクク・パロマ
Cu-cu-rru-cu-cú paloma

（作詩・作曲：Tomás Méndez）

来る夜も来る夜も　泣いていたあの人
何も食べずに　飲み明かしていたという

深い悲しみに　身をふるわせながら
死ぬまで彼女の　名を呼んでいたという

アイアイアイ　うたって
アイアイアイ　呼んで
アイアイアイ　泣いて
息をひきとった

住む人もない　その家の戸口で
悲しげな鳩の　鳴き声が聞こえる
きっとあの人の　魂が鳩になって
今も彼女を　待っているのだろうか

ククルクク　泣いても
ククルクク　むなしい
過ぎた日は　二度と
戻って来ない

ククルクク　ククルクク
ククルクク　パロマ　泣かないで

★ 1954年に作られたメキシコのウァパンゴ。
1984年に訳詩。

黒い天使
Angelitos negros

（作詩：Andres Eloy Blanco）
（作曲：Manuel Álvares Maciste）

白い清らかな　天使の姿を
十字架にえがく　ふるさとの人よ
えがいてほしいの　ネグロの天使を
黒い肌をした　哀れな私に

愛も望みもなく
さげすまれながら
黒いさだめを　生きる私

あなたは知らない　ネグロの心に
真っ赤な血潮が　流れているのを
姿見せたまえ　ネグロの天使よ
私をみちびく　黒い黒い天使

★作詩はベネズエラの詩人、作曲はメキシコの作曲家。1946年に発表され、人気歌手ペドロ・インファンテ主演の同題映画の主題歌になった。1968年に訳詩、ロス・インディオス、坂本スミ子が録音。

グッバイ・アモーレ・ミオ
Goodbye amore mio

(作詩・作曲：Belfiore, Baldocchi)
(スペイン語歌詩：Jurio Iglesias)

夏に生まれた恋は
かげろうのようね
秋風の立つころに　消えてしまうわ
つらいけれども今は　別れの季節
さようなら　夏の恋よ

(くりかえし)
　　グッバイ　マイ・ラヴ
　　グッバイ　アモーレ・ミオ
　　忘れないわ　あなたを
　　グッバイ　マイ・ラヴ
　　グッバイ　今日からは
　　思い出抱きしめて
　　生きてゆく私

人は誰でもいつか　旅立つものよ
愛し合ったふたりも
ひとりになるわ
引きとめられないのは
わかっているの
さようなら　夏の恋よ

(くりかえし)

★スペインのフリオ・イグレアスが 1978 年に歌っていたカンツォーネ。同年、原盤の日本発売前に訳詩。創唱は春日沙織里、1981 年に初録音。

クモさんのタンゴ
Che araña

(作詩・作曲：F. Gabilando Soler)

こわれたタルにクモさんが
網を張りながら
タンゴを踊っているよ
バンドネオンに合わせて

それを見ながら猫クンが
しっぽでリズムをつけて
楽器のかわりに提灯を
ひくしぐさ　している

　(くりかえし)
　　ねぇ　クモさん
　　おみごとな　ステップ
　　君こそは
　　誰よりも上手なダンサー

こわれたタルのまわりの
古い板ぎれに
見物客が集まる
足音を　しのばせ
黒く光る　ゴキブリに
穴からのぞく木くい虫
蟻さんたちもぞろぞろと
連れだって　見に来る

(くりかえし)

★メキシコの童謡。1962 年にリベルタ・ラマルケの歌で日本に紹介された。訳詩の創唱・録音はグスト・ラティーノ。

月下の蘭
Orchids in the moonlight

（作詩：Gas Carn, Edward Elisc）
（作曲：Vincent Yumans）

月かげを浴びて　花咲く蘭の
ほのかな香りが　夜更けを包む
まぶたに浮かぶは　あの日のふたり
とわの愛を誓い合った　君のおもかげ
花の色香の　あせるのも
気がつかずに暮らしていた　甘い月日
時は流れて　夢は消えて
あとにはもうむなしさしか
残りはしない

夜明けがおとずれ　しおれた蘭に
そぼ降る小雨の　しずくが光る
まぶたに浮かぶは　あの日のふたり
涙ぐみ別れ告げた　遠い思い出
花のいのちの　はかなさも
知らずにただ愛していた　愚かな恋
時は流れて　夢は消えて
あとにはもう慰めさえ
残りはしない

★ 1933年のアメリカ映画「空中レビュー時代」の主題歌。訳詩の初録音はフランク永井（1967年）。

恋ぐるい
Tu me enloqueces

（作詩・作曲：Sandro）

言わないで今さら　気休めなんか
バラ色の夢を見た　私がバカね
聞かないでなんにも　泣きそうだから
この胸が痛むのは　あなたのせいよ
あきらめているのに　思いはつのる
激しく燃えるのよ　身も心も

お願いよこのまま　行かせてほしい
ただひとりあてもなく　恋に狂って
愛してはいけない　人だったのに
知らずに愛したの　死にたいほど
お願いよそのまま　ふりむかないで
思い出はさよならの　言葉だけなの

★アルゼンチンのサンドロによる1976年のヒット。訳詩の創唱・録音は前田はるみ（1978年）。

結　婚
La mariée

（フランス民謡）

アアアと言いました
　　（だれが言ったんだ？）（以下同様）
花嫁さんが言いました
　　（なんて言ったんだ？）（以下同様）
今夜は何があるんでしょう
　　ねぇ、私はどうすりゃいいの？

アアアと言いました（だれが…）
階段が言いました（なんて…）
あんたが先にのぼるのよ
　　さぁ、寝室への階段を…

アアアと言いました（誰が…）
ドアが言いました（なんて…）
ドアには鍵を忘れずに
　　きっと、かたくかけておきなさい

アアアと言いました（だれが…）
時計が言いました（なんて…）
ふたりのために夜明けまで
　　じっと、時間を止めてあげよう

アアアと言いました（だれが…）
ベッドが言いました（なんて…）
これでふたりは結ばれて
　　まぁ、結婚なんてそんなもの

アアアと言いました（だれが…）
花嫁さんが言いました（なんて…）
そんなら私は　なんども
　　もう、結婚したことがある

★パタシュウが1950年に録音したフランス民謡。訳詩の創唱は深緑夏代（1962年）。

恋　心
L'amour c'est pour rien

（作詩：Pascal René Blanc）
（作曲：Enrico Macias）

恋は不思議ね　消えたはずの
灰の中から　なぜに燃える
ときめく心　せつない胸
別れを告げた　ふたりなのに
恋なんて　むなしいものね
恋なんて　なんになるの

恋が目ざめる　夜になると
あなたのことを　夢に見るの
けれど私が　目ざめるとき
夜明けとともに　消えてしまう
恋なんて　はかないものね
恋なんて　なんになるの

恋をするのは　つらいものね
恋はおろかな　のぞみなのね
あなたのために　命さえも
捨ててもいいと　思うけれど
恋なんて　悲しいものね
恋なんて　なんになるの
恋なんて　恋なんて

★ 1965年、岸洋子のパリ初訪問の帰国記念盤として、輸入盤の中からこれを選んで訳詩し、「恋なんて」という邦題をつけた。その後日本発売されたマシアス盤に合わせて「恋心」と改題。同年岸洋子が録音して、年間最大のヒットとなり、ＮＨＫの紅白歌合戦でも歌われた。

恋の執念
Obsesión)

（作詩・作曲：Pedro Florens）

（くりかえし）
あの高い空よりも
あの深い海よりも
さらに高く深く
愛している　この　私

恋は心の糧(かて)　恋は甘い泉
恋は名づけがたい
心の奥のまぼろしか

私はいのちかけて
あなただけを愛してる
どんなことが起ころうと
離さないあなたを

　　　（くりかえし）

★プエルト・リコのボレロ。1964年に訳詩。

声のない恋
Mon émouvant amour

（作詩・作曲：Charles Aznavour）

思いをこめた　そのまなざし
踊るような　その指先で
いたいくらい　よくわかります
あなたの言おうと　する言葉が

音もとだえ　口もきけずに
暮らしている　あなたの手から
声が聞こえる　気がするのです
甘くやさしい　ささやきが

　　　モナムール　モナムール
　　　モナムール　モナムール
　　　モナムール　いとしい人
　　　苦しいほど　愛している

つらい気持ちを　おさえながら
見つめている　この私にも
その言葉を　教えてください
身ぶり手ぶりの　話し方を

たとえどんな　下手なしぐさで
笑われても　かまいません
私もまた　言いたいのです
燃える思いを　こんなふうに

　　　モナムール　モナムール
　　　モナムール　モナムール
　　　モナムール　いとしい人
　　　悲しいほど　愛しています
　　　モナムール　いとしい人
　　　泣きたいほど　愛しています

★アズナヴールが国際障害者年に合わせて1980年に録音。輸入盤から訳詩して、「声のない恋」という邦題をつけ、栗原道子が創唱。

告白のシャンソン（シャンソン・コンフィダンティエル）
Chanson confidantiel

（作詩・作曲：K.Cockenstock & F.Breant）

あのころ私は　憂鬱だったわ
抱かれてみたいような男もいないし
お酒におぼれて　薬も飲んだ
かくしたりはしないわ
過ぎたことだもの

 シャンソン・コンフィダンティエル
 楽しいじゃないの　告白のシャンソン
 シャンソン・コンフィダンティエル
 裸にしたいのね　ステージの女を
 （シャンソン・コンフィダンティエル）

起こってしまったできごと
…いいじゃないの…後悔はしない
だから…だからうたうの
このシャンソン・コンフィダンティエル

 歌は私の　本当の姿
 シャンソン・コンフィダンティエル
 シーツをはたいたら
 こぼれ落ちたメロディ
 シャンソン・コンフィダンティエル

あのころ私は　ひとりぼっちだった
ひとり暮らしも悪くなかったけれど
人生っていうのは　雑誌みたいなものね
切りぬいてとっておくのは
料理のページだけ

 シャンソン・コンフィダンティエル
 楽しいじゃないの　告白のシャンソン
 シャンソン・コンフィダンティエル
 裸かにしたいのね　ステージの女を
 （シャンソン・コンフィダンティエル）

★エンゾ・エンゾが 1990 年に録音（邦題は「秘めた恋」）。　訳詩の創唱と初録音は伊藤ナオミ（2003 年）。

心はるかに
La distancia

(作詩・作曲：Roberto & Erasmo Carlos)

忘れられないあなたに
忘れられたりしたなら
どうして私はひとり
この世を生きてゆけるでしょう
　　あなたを愛します
　　いのちも惜しくないほど
　　たとえはるか遠く
　　離ればなれに暮らしていようとも

夢にまで見た恋が
夢に過ぎない時も
消えてしまった恋の
なきがらだけは残るでしょう
　　あなたを信じます
　　心がいたくなるほど
　　たとえはるか遠く
　　離ればなれに暮らしていようとも

愛し足りないよりは
愛し過ぎたほうが
心残りもなしに
この世を去ってゆけるでしょう
　　あなたに捧げます
　　こんな私のすべてを
　　たとえはるか遠く
　　離ればなれに暮らしていようとも

　　あなたに捧げます
　　こんな私のすべてを
　　たとえはるか遠く
　　離ればなれに暮らしていようとも

★日本ではカンツォーネとして知られている ブラジルの歌。ロベルト・カルロスが歌って1973年にヒットした。 1978年に訳詩し、春日沙織里（智重子）が創唱・録音。

孤独への道
J'arrive

(作詩：Jacques Brel)
(作曲：Jacques Brel & Gérard Jouannest)

花をたのむ　菊をたのむ
それが最後の友情さ
花が香り　菊が香り
あの娘はつらいことだろう
花を抱いて　菊を抱いて
私はこの世を去って行く
花をそなえ　菊をそなえ
男も女も泣くだろう

終わりだ　終わりだ
でも生きていたかった
も一度　できれば　元気で
夏まで…　春まで…　明日まで…
終わりだ　終わりだ
でも見ておきたかった
も一度　変わらない　ふるさとを
確かめてみたかった　この目で…
終わりだ　終わりだ
だがどうして　なぜ今
死ぬのか　私が…
終わりだ　きっと終わりだ
いったい何のための　人生？

花がしおれ　菊がしおれ
淋しさがつのってゆく
花が枯れて　菊が枯れて
またひとり消えてゆく

終わりだ　終わりだ
でも恋をしたかった
も一度　すべてを　投げ出し
抱きしめてみたかった　この手に…
終わりだ　終わりだ
でも燃えつきたかった
も一度　恋の火に　焼かれながら
旅立ちたかった　あの世へ…
終わりだ　終わりだ
だがもうおそ過ぎる
行かねば　ならない
終わりだ　きっと終わりだ
いったい何のための　人生？

★ジャック・ブレルが1964年に発表した。訳詩の創唱は福原みつ子(1997年)。

孤独な島（アローン）
Une île (Alone)

（作詩：Yves Gilbert）
（作曲：Serge Lama）

あなたを　夢みるために
夜があるのだから
私は　淋しくないわ
ひとりで過ごす夜更けも
あなたと　あなたと　夢で会える

あなたを　愛するために
朝が来るのだから
私は　悲しまないわ
ひとり目ざめる夜明けも
あなたの　あなたの　愛があれば

（くりかえし）
　人はみんな　ひとりぼっち
　さがしているのね
　見えないきずなで　結ばれた人を
　思い出など捨てましょう
　過去は忘れましょう
　いつかめぐり逢う
　ふたりの明日のために

あなたを　愛するために
朝が来るのだから
私は　悲しまないわ
ひとり目ざめる夜明けも
あなたの　あなたの
愛があれば　愛があれば

★セルジュ・ラマが歌った 1970 年の作品。1993 年に訳詩し、橘妃呂子が録音。

近衛兵たち
Les grognards

（作詩：Pierre Delanoë）
（作曲：Hubert Giraud）

（語り）
お聞き　パリの人々よ
暗い夜の闇の中から
足音が近づく
黒いかげが見える
まるで壁画のように
空にかかるかげが…
お聞き　パリの人々よ
ごらん　パリの人々よ
永遠の影たちが
うたいながら行進してゆく

我らは近衛兵　銃も弾丸も持たず
亡霊となって　闇の道を歩く
我らは近衛兵　服も靴も破れ
足並みそろえて　シャンゼリゼを進む

明けても暮れてもつづく戦争
何というおろかな職業
青春の血潮ムダに流して
名誉の戦死と言われて

コーヒー・ルンバ
Moliendo café

（作詩・作曲：José Manzo）

我らは近衛兵　銃も弾丸も持たず
亡霊となって　闇の道を歩く
我らは近衛兵　遠い異国の地へ
パリをあとにして
死に出かけてゆく

恋などしているひまもなかった
出会って別れただけのこと
大砲のひびきで夜が明ければ
地獄へ向かって突撃

我らは近衛兵　忘れられた歴史
けれど戦いは　今日も明日もつづく
我らは近衛兵　服も靴も破れ
足並みそろえて　シャンゼリゼを進む
銃も弾丸も持たず　パリを…

★エディット・ピアフが 1957 年に録音した。
　訳詩の創唱と録音は島本弘子（1983 年）。

赤い夕日のたそがれ迫るころ
よみがえるは懐かしい思い出
それはコーヒーのあの味あの香り
今はひとりわびしく味わう

　ひとつの恋　去りゆけど
　ひとつの夢　消えやらず
　黒いコーヒーのようなこの心

★アルパ奏者ウーゴ・ブランコの演奏で、1961 年にヒットしたベネズエラの曲。オルキデアというリズムで書かれているが、日本発売の時に私が「コーヒー・ルンバ」と名づけた。同じく 1961 年に、原詩にもとづいて訳詩。宝とも子が録音。

今宵は私に
Regálame esta noche

（作詩・作曲：Roberto Cantoral）

夜は冷たく　心も寒い
だからやさしく　抱きしめておくれ
今夜はふたりで　愛し合おうよ
何も言わずに　夜の明けるまで

（くりかえし）
朝が来たなら　別れの時が
ぼくらふたりを　待っているのだ
せめて今宵は　ぼくといっしょに
過しておくれ　行かないでおくれ

（くりかえし）

行かないでおくれ

★メキシコのボレロ。訳詩の創唱と録音はマリオ清藤（1967年）。

こんなに小さい
Si petite

（作詩：Pierre Bayle）
（作曲：Gaston Claret）

じっと抱いていてね　小さい私を
こんな弱い心　破らないでね
ふるえ悩む胸を　そっと抱き寄せ
愛の言葉やさしく　告げてほしいの

ふたりの恋が芽生えたあの朝
ときめく心　あふれる　喜び
あなたのために　すべてを捧げて
愛に生きる私なの　こんなに

★リュシエンヌ・ボワイエの歌で、1932年にヒットした。1960年に訳詩、小海智子が録音。

さすらい（キホーテ）
Quijote

（作詩：Julio Iglesias）
（作曲：Manuel de la Calva & Ramón Arcusa）

愛と自由を夢に見て
私は世界へ船出した
心にえがく恋人を
さがしつづけて年老いた

消えゆく夢を追いかける
私はおろかなボヘミアン
悲しい歌しかうたえない
言葉を失った歌い手

　（くりかえし）
　　いとしい人はどこにいる
　　めぐり逢えるのはいつか
　　それともこの世はすべて
　　ただ束の間のまぼろしなのか

ほんのわずかな幸せを
ほしいと思うことさえも
さすらう身には許されず
むなしさだけが旅の友

こうして時は流れ去り
孤独な明日が訪れる
まるで風車に立ち向かう
ドン・キホーテにも似た私

　（くりかえし）

★スペインのフリオ・イグレシアスが歌った1982年の作品。1990年に訳詩、近藤英一が創唱。

さすらいを友として
No soy de aquí, ni soy de allá

（作詩・作曲：Facundo Cabral）

たとえば道べの木陰に
暑い日差しをさけながら
そよ風に汗をかわかし
タバコふかすとき

（くりかえし）
　そのとき見つけた
　小さな幸せ
　心にきざんだ思い出
　名もない私の大きなよろこび
　この世の旅路の道づれ

たとえば部屋の窓をあけ
どこかで誰かがつまびく
せつないギターの調べに
涙ながすとき

（くりかえし）

★ラテンのフォルクローレ。1979年に訳詩、ボニージャックスが録音。

錆びついた銃
Le fusil rouillé

（作詩：Jacques Demarny, Pierre André Dousset）
（作曲：Enrico Macias）

夕暮れの太陽　さえわたる満月
風かおる緑の森　岩かげの澄んだ水
さわやかな朝の海　星くずの降る夜空
美しい風景を　たくさん見て来たが…

錆びついた銃ほど　きれいなものはない
忘れていったのは　故郷へ帰る兵士か
茂みにうずもれて　二度とは使えない
錆びついた銃ほど
きれいなものはないだろう

世のために命さえ　惜しまない勇士たち
母親の手に抱かれた　幼な子の微笑み
花の咲く野道を　走って行く乙女
すばらしい人たちを
おおぜい知ってるが…

錆びついた銃ほど　すてきなものはない
忘れていったのは　故郷へ帰る兵士か
茂みにうずもれて　二度とは使えない
錆びついた銃ほど
すてきなものはないのだ

★エンリコ・マシアスが1984年に発表。訳詩の初録音は合掌一朗（1996年）。

さまよえるエトランジェ
Les étrangers

（作詩：Enrico Macias & Jacques Demarny）
（作曲：Claude Morgan）

星かげもない　闇の夜空を
見つめる　異国の人よ
冷たい風に　激しい雨に
おまえは　傷ついてゆく

あしたの　幸せ
さがして　たどりついた
見知らぬ　国では
愛さえ　むなしい

骨身をけずり　命をかけて
はたらく　異国の人よ
苦しみつづけ　戦いながら
おまえは　年老いてゆく

ふるさと　離れて
さすらう　胸の中に
あふれる　思いを
祖国は　知らない

涙も　かれはて
やがては　力つきて
おまえは　旅立つ
平和な　あの世へ

おまえは　旅立つ
夢見た　世界へ
ひとりぼっちで

★1978年にエンリコ・マシアスが発表した。訳詩は1982年に栗原道子が創唱。初録音は合掌一朗（1992年）。

さよならも言わずに
Ciao cara come stai?

(作詩：Cristiano Malgiorgio, Diario)
(作曲：Italo Janne, Claudio Daiano Fontana)

あなたしか　愛せない　この私に
さよならは　つらすぎる　言葉だから
あしたから　会えないと　知っていても
微笑んで　言いましょう　こんなふうに
　チャオ・カロ・コメ・スタイ
　ごきげんいかが
　チャオ・カロ・コメ・スタイ
　いとしいあなた
　声をつくり　涙見せずに
　チャオ・カロ・コメ・スタイ
　ただそれだけ

さよならも　言わないで　別れたあと
失った　幸せを　くやみながら
思い出が　残ってる　部屋へ帰り
人知れず　泣きましょう　こんなふうに
　チャオ・カロ・コメ・スタイ
　ごきげんいかが
　チャオ・カロ・コメ・スタイ
　いとしいあなた
　誰もいない　あなたの椅子に
　チャオ・カロ・コメ・スタイ
　たずねましょう

★ 1973 年のサン・レモ音楽祭でイヴァ・ザニッキが歌って優勝したカンツォーネ。訳詩は 1974 年に岸洋子が録音。

さらばキューバ
Cuando salí de Cuba

(作詩・作曲：Luis Aguila)

　（くりかえし）
　Cuando salí de Cuba
　なつかしいあの人
　Cuando salí de Cuba
　帰らない思い出

恋というには
あまりにもはかなく
激しく燃えて
消えていったあの恋
　（くりかえし）

夢と呼ぶには
あまりにも悲しく
夜明けとともに
さめていったあの夢
　（くりかえし）

緑の島の
美しい浜辺に
私は埋めた
傷ついた心を
　（くりかえし）

★ グァヒーラという形式のキューバの歌。アメリカのサンドパイパーズが 1967 年にヒット。イタリアのミルバも歌った。訳詩は 1968 年にロス・インディオスが録音。

さらば草原よ
Adiós pampa mía

(作詩：Ivo Pelay)
(作曲：Mariano Mores, Francisco Canaro)

アディオス・パンパ・ミア
遠い　旅に出る私
アディオス　花咲く小道よ
緑の谷間よ　荒れ果てた家よ
思い出つきない　ふるさとよ　さようなら
　心を残して　アディオス

(くりかえし)
　　いつでもまぶたに　浮かんで来るのは
　　星かげまたたく　牧場のひと時
　　そよ風の歌や　つまびくギターを
　　ともに聞きながら　流した涙

アディオス・パンパ・ミア
遠い　道を行く私
アディオス　広い草原よ
せせらぐ小川よ　まどろむ草木よ
必ずいつかは　ふるさとへ　帰るから
その日が来るまで　アディオス

(くりかえし)

アディオス・パンパ・ミア，アディオス

★ 1945年の音楽劇「パリのタンゴ」の主題歌として作られたアルゼンチン・タンゴ。訳詩は菅原洋一が初録音（1969年）。

去りゆく君
Vous qui passez sans me voir

(作詩：Charles Trenet)
(作曲：Johnny Hess)

想い出は　苦しいもの
こみあげる　涙
いつまでも　忘れられぬ
愛し合った　あの年月

今　君は黙って　行ってしまう
せめて　笑顔見せて　ほしいのに
もう　君は去りゆく
顔を伏せ　ぼくを見ずに…

ただ　さりげなくジュ・ヴ・ゼーム
それだけを言いたい
伝えたいけれど
もう　君は去りゆき
のぞみもなく　ぼくはひとり

恋は終わる
アデュー　ボンソワール

★ 1937年の作品。ジャン・サブロンが歌ってディスク大賞を受賞した。訳詩の創唱は堀内環（1990年）。

サン・トワ・マミー
Sans toi mamie

（作詩・作曲：Salvatore Adamo）

君の愛が　あとかたもなく
暗い闇に　消え去った今
ひざまづいて　泣いてみたとて
戻りはしない　君の心は
（くりかえし）
　あんなに　愛し合った
　幸せな　夢のあとに
　サン・トワ・マミー　むなしさに
　耐えかねて　君を呼ぶ
　サン・トワ・マミー

街はいつも　変わることなく
赤い灯が　またたくけれど
変わり果てた　ふたりの恋に
空の星も　涙ににじむ
（くりかえし）

★1962年にヒットしたアダモの出世作。訳詩の録音はフランク永井（1967年）。

幸福を売る男
Le marchand de bonheur

（作詩：Jean Broussolle）
（作曲：Jean Pierre Calvet）

ぼくはヴァガボン　町をめぐり
売って歩く　楽しい歌
ごらんなさい　風に乗って
通り過ぎる　幸せ売りを
いかがですか　恋の種は
みのりますよ　キッスが
うたいましょう　声高く
一年中　いつも

裏切られて　流す涙
つらいことも　多いけれど
そんな時は　元気出して
うたいなさい　陽気な歌
いかがですか　気分変えて
旅に出たり　しては
歩きましょう　泣かないで
明日を夢み　ながら

嘆くよりも　笑うほうが
楽に生きて　ゆけるでしょう
ぼくの歌を　聞けばすぐに
乾きますよ　涙なんか
それでみんな　幸せなら
お代などは　いらない
うたいましょう　声高く
明日を夢み　ながら

ぼくはヴァガボン　町をめぐり
売って歩く　楽しい歌
ごらんなさい　風に乗って
通り過ぎる　幸せ売りを

★シャンソンの友が1960年に放ったヒット。同年に訳詩。

シエリト・リンド
Cielito lindo

(メキシコ民謡)

あの山越えて
シエリト・リンド　やって来るよ
黒い瞳で
シエリト・リンド　見ておくれ

口もとかざる
シエリト・リンド　そのほくろ
私にだけは
シエリト・リンド　さわらせて

　(くりかえし)
　アイ・アイ・アイ・アイ
　ともに歌い
　いつも　夢を持とう
　シエリト・リンド　心に

窓辺に聞こえる　やさしい歌声
イキなあの人が　呼んでいるのね
ああダメよ私は　ほかの人のもの
お嫁にゆくことに　約束ずみなの
お願いよ　かまわないで
忘れてね　私なんか

　(くりかえし)

★ 1980年頃訳詩、竹平光子が創唱。

死が私を包むとも
Ang tangi kong pag-ibig

(フィリピン民謡)

あなたひとりを　愛しています
それが私の　罪でしょうか
身のほど知らずと　言われようと
恋とはどうにも　ならぬもの

もし死が私を　包むなら
私はあなたを　包みます
赤く燃える　愛のほのおに
この世のいのちの　つきるまで

★ 1990年に訳詩、リサ長尾が創唱。

自叙伝
Autobiographie

(作詩：Charles Aznavour)
(作曲：George Garvarentz)

私が住んでいたのは
こわれかけの古いアパート
まわりをかこむ人たちは
明日という日を持たず
過ぎ去った日のなきがらを
抱きしめて暮らしていた
ひと切れのパンも買えず
父母の名を呼ぶことも
たまにはあったけれど
私は捨てなかった
いつかステージに立って
うたおうという夢を
人はみな苦労して
年月を生きてゆく
この私もそれなりに
くちびるをかみながら
その日その日を食べて来た
さまざまな職について…

職場から帰る道で
そっと拭いた涙のあと
気をとりなおし街をゆけば
寒い風が肌をさす
そのうちにチャンスがやっと
私にも訪れた
初めての舞台に出て
何もかもわからずに
初めての拍手に酔い
初めてのヘマをして
絶望と後悔とに
泣いていた楽屋口
人はみな居酒屋の
止まり木で憂さを捨て

帰らない思い出や
傷ついた愛のため
うたいながら飲んでいる
この私も片隅で…ラララ…

激しい恋におちて
苦しんだこともある
私たちは愛し合った
人目をしのびながら…
歌さえも彼のためなら
やめようと決めていた
その人に妻がいる（奥さんが…）と
知った時の驚きは
いっそ死んでしまおうと
思うほどだったけど
身をひいたそのあとに
歌だけが残された
人はみな耐えしのぶ
それぞれの運命を…
泣きながらうたいながら
私もまた生きてゆく
増えてゆく思い出の
その重みにたえながら…ラララ…

今も残る古いアパート
その中に住む人たちは
明日という日を持たず
過ぎ去った日のなきがらを
抱きしめて暮らしている

★シャルル・アズナヴールが1980年に発表。
1981年に訳詩して、栗原道子が創唱。2003年
に伊藤ナオミが録音。

詩人たち
Les poètes

(作詩：Luis Aragon)
(作曲：Jean Ferrat)

詩人がうたうのは　風に叫ぶのは
誰のためでも　何のためでもなく
わいて来るのです　怒りと悲しみが

うたっているのが　人間だろうと
叫んでいるのが　けだものだろうと
黙れないのです　危険をおかしても

詩人が寝るのは　野原で寝るのは
遠すぎる天国を　見上げながら
眠りたいのです　とこしえの眠りを

自由と平和の　戦さに倒れて
大地にまどろむ　詩人の心は
のぼってゆきます　はるかな星空へ

詩人が飲むのは　酒場で飲むのは
酔うためではなく　その片隅で
書きつづるのです　明日への遺言を

すべての詩人が　居なくなったなら
星は砕け　太陽は燃えつき
闇夜になります　世界の果てまでも

詩人は去る時　この世を去る時
夢のかけらと　歌のひとふしを
残してゆきます　美しい形見を

私がうたうのは　風に叫ぶのは
誰のためでも　何のためでもなく
わいて来るのです　怒りと悲しみが

★ジャン・フェラが1969年に発表。訳詩の創唱と録音は奥田真祐美。

詩人の最期
Morte de um poeta

(作詩・作曲：Paulinho Rezende Totonho)

詩人がそっと世を去った
風に散る葉のように
静かに　静かに

涙のかおりがただよう
古い小屋の中を
ほのかに　ほのかに

ギターがすすり泣いていた
しめりがちな音で
思い出の歌を

彼の形見の　サンバのひとふし
誰かがうたう　誰かが奏でる
祈りをこめて

最後に彼は言っていた
どんなつらい時も
歌をやめるなと

いつもと同じ朝が来る
詩人の魂は
とこしえに残る

小鳥は晴れた空高く
楽しげにさえずる
思い出の歌を

彼の形見の　サンバのひとふし
誰もがうたう　誰もが奏でる
希望にみちて　希望にみちて

★ブラジルの女性歌手アルシオーネが1976年に放ったヒット。1978年に訳詩し、よしろう広石が録音。

失恋の季節
La saison du desamour

（作詩：Pierre Delanoe）
（作曲：Gilbert Bécaud）

夕暮れの　空遠く
飛んでゆく　鳥が一羽
恋が淋しいのは
そんな時なのね

テーブルを　用意して
帰らない　あなたを待つ
恋がせつないのは
そんな時なのね

さりげない　ふりをして
言いわけを　さがすあなた
恋に傷つくのは
こんな夜なのね

いつわりの　微笑みに
悲しさを　かくす私
恋を失うのは
こんな夜なのね

失った　幸せの
思い出に　生きるふたり
恋を忘れるのは
いつのことかしら

★イザベル・オーブレが歌った。1976年、彼女のために訳詩。

ジプシーの嘆き
Lamento gitano

（作詩・作曲：Maria Grever）

恋の傷は深く　悩みは果てしない
あの人をこんなに　愛してしまうなんて
誰にもわからない　この心の中に
憎しみと愛とが　渦をまいている
甘いその言葉に　まどわされた私には
もう何も見えない　何も聞こえない

思い出は苦しく　恨みはかぎりない
あの人をこんなに　信じてしまうなんて
涙にぬれている　この瞳の奥に
悲しみと怒りの　風が吹きすさぶ
命かけた恋を　裏切られた私には
もう何もいらない　何も残らない
何も…

★メキシコの歌。1966年に訳詩、フランク永井が1978年に録音。

ジャッキー
Jacky

(作詞：Jacques Brel)
(作曲：Gerard Jouannest)

たとえ片足を　棺桶に突っ込んだ
おばあさんの前でも
何を言ったって
チンプンカンプン通じない
外国の女にも
たとえいっぱしの　色男気どりで
プレゼントほしさに　マダムを口説いても
たとえ金ピカの　ドレスをまとった
おばさん相手に　愛をかたっても
それでも毎晩　酔っ払ってうたうのさ
ジャッキーと呼ばれて
いたころのシャンソン
時間の許すかぎり
いつもうたうのさ
少しバカげているけど
あのすばらしい歌を

たとえギャンブルで　しこたまもうけて
金持ちになっても
他人にうたわせ　ピンハネ稼業に
商売がえしても
たとえすご腕の　悪党気どりで
ヤクからホモまで
とりしきったとしても
たとえ世界中に　指のかずよりも
たくさん銀行を　手に入れたとしても
それでも毎晩　葉巻の煙りに
むせんでうたうのさ
ジャッキーのシャンソン
時間の許すかぎり
いつもうたうのさ
少しバカげているけど
あのすばらしい歌を

たとえ白い羽根の　天使たちの前で
うたう日が来ても
この世に未練を　残してハレルヤ
となえるにしても
たとえ神様が　勘違いをして
天国の電話帳に
ぼくの名をのせても
たとえ人間どもを　慰めるために
けんめいにお経を　丸暗記しても
それでも毎晩　聞こえて来るのさ
あの世で大ヒットの
ジャッキーのシャンソン
時間の許すかぎり
みんなうたうのさ
少しバカげているけど
あのすばらしい歌を

★ジャック・ブレルが1966年に録音した。
　2003年に訳詩。

ジャマイカ
Jamaica

(作詩・作曲:Luis Alberto Del Parana)

ジャマイカ　ジャマイカ
ジャマイカ　ジャマイカ
遠い南の島に夏の陽は燃えて
海の風は運ぶ恋の歌声
懐かしの島の　七色の夢よ
よみがえる胸のときめき

ジャマイカ　ジャマイカ
いつでも私はあの島を思い出す
この世でただひとつの愛の花園
それは夢のジャマイカ　懐かしの島よ
果てしない私のあこがれ

ジャマイカ　ジャマイカ
海の風は運ぶ恋の歌声
ジャマイカ　ジャマイカ
海の風は運ぶ恋の歌声
ジャマイカ　ジャマイカ　ジャマイカ

★パラグァイのルイス・アルベルト・デル・パラナ
が歌った。訳詩の録音はマリオ清藤（1966年）。

シャンソン・シンプル
Chanson simple

(作詩・作曲:Lyle Louvett)
(仏語歌詩:Philippe Bergman)

あなたにうたってあげたいの
シンプルなシャンソンを
わかるでしょうか　この歌の
むつかしいやさしさが

口にする言葉は
消えてゆく道しるべ
捨てられた言葉にも
まごころがあるのです

ごめんなさい　あの時は
愛しますと言えなくて
友だちのまま　別れた
私たちでした

希望も夢もなく
何年も過ぎた　今になって
しみじみと思うのです
運命のいたずらと

あなたも悔やみながら
思い出すことでしょう
愛したひとりの女を
どうか忘れないで
私を忘れないで

★原曲はアメリカの歌。1997年にフラン
ス語でパトリシア・カースが録音した。
訳詩の創唱と録音は伊藤ナオミ（1999
年）。

シャロンヌの恋人
Je t'attends à Charonne

(作詩・作曲：Leny Escudero)

夢見てるわ　遠い春を
秋が終わり　枯れたリラも
笑わないで　この私が
冬に夏の　夢を見ても
聞こえるのよ　目を閉じれば
耳の奥に　あの言葉が…
　　マリー　オー　マリー
　　ジュテーム
　　とても愛しているよ
　　だから行かせてほしい
　　…彼はシャロンヌへ
　　　行ってしまった

誰もいない　寒い部屋に
明るすぎる　愛のほのお
春を待って　待ちに待って
死んでしまう　鳥のように
待ちつかれて　目を閉じれば
胸にしみる　あの言葉が…
　　マリー　オー　マリー
　　ジュテーム
　　とても愛しているよ
　　だから待っててほしい
　　…彼もシャロンヌで
　　　淋しいでしょうね

信じないわ　風とともに
聞こえて来る　うわさなんか
後生だから　お願いだから
すぐにここへ　帰って来て
このお腹の　赤ちゃんさえ
おぼえてるわ　あの言葉を…
　　マリー　オー　マリー
　　ジュテーム
　　とても愛しているよ
　　だから許してほしい
　　…彼はシャロンヌから
　　　帰って来ない

★スペインのレニー・エスクデロの作品。1967年にジュリエット・グレコが歌った。訳詩の創唱と録音は花田和子（1982年）。

ジャンとマルティーヌ
Jean et Martine

(作詩・作曲：Michel Emer)

ハンドルをにぎるジャン
走りゆくトラック
風が吹く　雨が降る
カーブした国道
日が暮れる　夜が明ける
居眠りは禁物
積み荷は15トン
鳴りひびくエンジン
でも家へ帰れば
マルティーヌが待っている

　ジャンはすぐ戻るわ
　きっと疲れきってるわ
　見るからに哀れな
　顔をしてることでしょう
　だからやさしく
　キスしてあげましょう
　愛しているわと
　何度も言いましょう
　あの人のそばで
　夢を見ましょう

深い霧　けむる窓
ベルが鳴る門口
あおざめて立っている
見も知らぬ人かげ
おそろしい出来事を
知らせに来たのだ
「ご主人が亡くなりました
トラックの事故です」
うそだわ　そんなこと
マルティーヌは叫んだ

　ジャンはすぐ戻るわ
　きっと疲れきってるわ
　見るからに哀れな
　顔をしてることでしょう……
　愛しているわと
　何度も言いましょう
　あの人のそばで……

　いや……いや……いや……
　ジャン……ジャン……おお、ジャン

★エディット・ピアフが1953年に録音。訳詩の創唱は栗原道子（1983年）。初録音は橘妃呂子（2008年）。

ジュ・テーム、ジュ・テーム、ジュ・テーム
Je t'aime, je t'aime, je t'aime

(作詩・作曲：作者不詳)

めぐり逢う　夢を見たの
さえわたる　月の夜に
寄りそって　交わすひとみ
ふるえながら　語る言葉
ジュ・テーム、ジュ・テーム、ジュ・テーム
愛して　愛して
二度とあなたの　そばを　離れない

愛される　夢を見たの
吹きすさぶ　風の夜に
抱きしめる　あなたの腕
目を閉じて　聞く言葉
ジュ・テーム、ジュ・テーム、ジュ・テーム
愛して　愛して
いつもあなたの　ことを　忘れない

捨てられる　夢を見たの
降りしきる　雨の夜に
消えてゆく　うしろ姿
泣きながら　叫ぶ言葉
ジュ・テーム、ジュ・テーム、ジュ・テーム
愛して　愛して
あなたなしでは　とても　生きれない

★レコード会社の依頼で 1970 年頃に訳詩。1980 年に前田はるみが録音。

終局（セ・アカボ）
Se acabó

（作詩・作曲：Julio Gutierez）

これで もう お別れね
恋は 終わったのよ
あなたの同じような 言いわけなど
二度とは 聞かない
いつもあとで悲しむのは 私だから
恋の道化芝居の 幕は
もう下りたわ
あしたからの私たちは
見知らぬ仲
話も しないで 通り過ぎてしまう
他人どうし

恋と言うのは 皮肉なもの
気も狂うほど 人を酔わせ
うそいつわりの 夢まぼろしで
人をだまし 傷つけて
ついに 死んでしまう
みんな 終わったあと
たとえ未練が少し 残っていても
どうにも ならない
悩みを捨てて さよならを言うわ
恋に

★キューバの曲で、ヴィッキー・・カーが歌った。1978 年に訳詩し、くみ・あおいが録音

ジーラ・ジーラ
Yira yira

（作詩・作曲：Enrique Santos Discépolo）

足どりも重く ふるえながら あてもなく
この世をさまよう 哀れな姿
たくわえもつき ひもじさに 堪えかねて
わずかな恵みを さがし求め 歩くとき
思い知るだろう 無情の風の冷たさを…

　（くりかえし）
　今は何もかも いつわりの世に
　愛がなんになる ジーラ・ジーラ
　生きる苦しさに 胸が裂けても
　誰もお前など 助けはしない

雨風をしのぐ ひと夜だけの 軒さえも
貸してはくれない つれない世間
身につけていた 着物まで 手放して
ひと切れのパンを 涙ぐんで 食べるとき
思い知るだろう 希望と夢のおろかさを…

　（くりかえし）

★鬼才ディセポロが 1930 年に作ったアルゼンチン・タンゴ。1969 年に訳詩し、菅原洋一が録音。

白い恋人たち
Treize jours en France

（作詩：Pierre Barouh）
（作曲：Francis Lai）

過ぎてゆくのね　愛のいのちも
白く輝く雪が　やがてとけるように
はかなく消えた　昨日の夢の
あとに残るは　ただ冷たい涙ばかり

あなたのいない　うつろな夜は
死んだみたいな心
ひとりぼっちの　むなしい朝は
生きることがつらい

過ぎてゆくのね　恋の月日も
炎は燃えて　白い灰になってしまう
けれどふたりは　いのちのかぎり
忘れはしない　愛し合ったあの幸せ

★ 1968年の冬季オリンピックの記録映画「白い恋人たち」の主題曲。同年訳詩、録音は中原美紗緒、グラシエラ・スサーナほか。

人生のはじまり
Une vie

（作詩：Claude Delécluse, Michel Sanlis）
（作曲：Alain Gorraguer）

いのち始まる時　夢も始まるわ
人は生まれたその日から
まるで小鳥のように
巣立ってゆくのね　明日という世界へ
夢みて暮らすの　人生を

いのち始まる時　愛も始まるわ
人は互いに寄りそって
星をさがしながら
歩いてゆくのね　時という夜道を
愛し合うための　人生よ

いのち始まる時　別れも始まるわ
人は月日に流されて
思い出残しながら
旅してゆくのね　名残りを惜しんで
別れを告げるの　人生に

★ 1979年にイザベル・オーブレが録音した。1981年に訳詩し、同年島本弘子が録音。

スカーフ（マフラー）
L'écharpe

（作詩・作曲：Maurice Fanon）

思いのこもる　あなたのマフラー
もしも私が　首に巻いても
寒いからでも　何でもないの
思い出して　みたかっただけ
出会ったころの　私たちを
うなじに触れた　あなたの指を

あなたの笑顔　浮かぶマフラー
もしも私が　首に巻いたら
昔のように　微笑みながら
確かめたいの　もう一度だけ
愛し合ってた　私たちを
包んでくれた　夜のとばりを

ため息をつく　絹のマフラー
もしも私が　首に巻いても
淋しいからでも　何でもないの
消えない跡が　残っているから
あなたの指の　からんだ跡が
私の首に　残っているから

ふたりの家で　あなたがしていた
絹のマフラー　首に巻くのは
寒いからでも　何でもないの
淋しいからでも　何でもないの

★モーリス・ファノンの1963年の作品。彼の妻だったピア・コロンボが創唱した。原題は長方形の布のことで、マフラーと訳すのが正しい。原詩にほぼ忠実に訳詩。

過ぎし青春の日々
Maintenant que la jeunesse

（訳詩：Luis Aragon）
（作曲：Lino Léonardi）

今では　青春も　色あせた夢
今では　青春が　私を裏切る
今では　青春は　消えゆく想い出
今では　青春を　他人がうたう
今では　瞳さえ　そむける青春

今では　青春は　どこにあるのか
今では　青春は　道をさまよう
今では　青春は　雲間に浮かぶ
今では　青春は　逃げてしまった
寄る年波には　勝てない青春

空は昔と　変わることなく
信じられないほど　青く晴れている
身を置くところも　ないというのに
まるで絵の具を　塗ったかのように
悩みの影さえ　見えない青空

空は冷たい　水の流れか
または心を　奪う悪魔か
走り出したい　死にたくはない
なぜか恐ろしい　今日の青空

★1948年に出版されたルイ・アラゴンの詩集「新断腸詩集」の一編に、アコーディオン奏者レオナルディが曲をつけ、彼の妻モニック・モレリが1963年に録音した。原作の手法を生かして訳詩、島本弘子が録音（1983年）。

救いを求めて
El necesita ayuda

（作詩・作曲：Manuel Alejandro
　　　　　& Sandra Beigdever）

この世界に生まれた　たくさんのいのちが
生きてゆくためには　助けがいるのです

手を　結びましょう
腕　さしのべましょう
肩　寄せ合いましょう　みんな

泣いている子供の　涙をかわかし
笑顔に変えるには　助けがいるのです

手を　にぎりましょう
腕　支えましょう
肩　抱き寄せましょう　ともに

傷ついた私の　心をいやして
幸せをつかむには　助けがいるのです

手を　貸してください
腕　とってください
肩　抱いてください　あなた

★スペインの曲で、プラシド・ドミンゴが1889年に録音した。1991年に訳詩、くみ・あおいが創唱。

スージー
Suzy

（作詩：Michel Jourdan）
（作曲：Enrico Macias）

目に見えない糸で
結ばれたふたり
愛しすぎるくらい
愛してるよ　スージー

美しい思い出
幸せな月日
すばらしい夢を
ありがとうよ　スージー

生きていることさえ
つらい日もあったが
痛む心を　なぐさめたのは
いとしい人の　微笑みだった

子供らはかわいい
友だちも多い　けれど誰よりも
愛してるよ　スージー

大切な宝　暗闇の光
舞い降りた天使
女神のような女(ひと)

いつかこの世を去る
その時が来たなら
あの世でもずっと
愛してるよ　スージー

★1993年エンリコ・マシアスが愛妻に捧げて作曲した。1994年に訳詩、96年に合掌一朗が録音。

すべてをなくして
Todo por nada

(作詩・作曲：Camilo Sesto)

恋なんて　まぼろしと
あきらめて　暮らしていた
そんな私の　人生を
通り過ぎて行ったあなた
吹きすさぶ　嵐のように
愛しながら
私のすべてを　奪った
憎いあなた…あなた

今　むなしく　ただひとり
涙にくれている
多分　愛し過ぎたため
愛をなくした　この私
恋なんて　いつわりと
知っていたのに　恋におちた
そんな私の　愚かさを
笑って立ち去った　あなた
吹きすさぶ　嵐のように
愛しながら
すべてを　奪った　憎いあなた
私のすべてを　捧げた
いとしいあなた

★スペインのカミロ・セストが1973年に発表。訳詩の録音はくみ・あおい（1980年）。

すり切れたレコード
Le disque usé

(訳詩・作曲：Michel Emer)

いつもうす暗い　路地の奥には
世にも古ぼけた　酒場がひとつ
そこには悲しい　女がひとり
海のかなたを　夢に見ている
船の汽笛が　むなしく響けば
酒場のすみで　レコードはうたう

　（くりかえし）
　いつも心に　夢を持てば
　やがていつかは　望みのかなう日が
　恋の夜明けが　やって来るのさ
　悩み忘れて　強く生きよう

今も思い出す　彼のおもかげ
空よりもあおく　やさしい瞳
ささやく言葉は　「愛しているよ」
彼女は答えた　「待っていますわ」
かたく誓って　くちづけ交わせば
酒場のすみで　レコードはうたう

　（くりかえし）

いつもうす暗い　路地の奥には
世にも古ぼけた　酒場がひとつ
そこには年ふる　女がひとり
彼の帰る日を　今日も待ってる
船の汽笛が　むなしく響けば
酒場のすみで　レコードはうたう

　（くりかえし）
★エディット・ピアフが1942年に録音した。1961年に訳詩、深緑夏代が創唱・録音。

青春へのリサイタル
Recital a la juventud

（作詩・作曲：Horacio Guarany）

青春という恋人は
もうここへ戻らない
晴れやかな笑い声
青くゆれるメランコリー
ボヘミアンの若い日は
もうここへ戻らない
ラライララ　ラライララ……

下宿部屋で夜もすがら
恋に泣いたこともある
割れた茶碗のかけらは
死んだ夢のなきがらか
下宿部屋の片すみに
恋を捨てたこともある
ラライララ　ラライララ……

　（語り）
　狂おしい青春よ
　お前は私の人生の
　美しい日々を持ち去った
　だが　今も私は待っている
　いつもと同じ街角で
　返しておくれ　あの年月を……

歌おうじゃないか高らかに
なつかしい青春を
老いたピエロにふさわしく
笑って幕を閉ざしたい
歌おうじゃないか泣かないで
うるわしの青春を
ラライララ　ラライララ……

★アルゼンチンのオラシオ・グアラニが1973年に発表した。訳詩はボニージャックスが1979年に録音。

セ・ラ・ロマンス
C'est la romance

（訳詩：Jacques Demarny, Enrico Macias）
（作曲：Enrico Macias, Martial Ayela）

愛が生まれる時　聞こえる歌
セ・ラ・ロマンス
瞳ふれ合う時　高鳴る胸
セ・ラ・ロマンス
春の花咲く丘　流れる水
セ・ラ・ロマンス
空に浮かんだ虹　そよ吹く風
セ・ラ・ロマンス

　　たとえ　かすかな　ささやきでも
　　たとえ　わずかな　まなざしでも
　　幸せ過ぎて　こわいくらい
　　震えながら　見つめながら
　　交わす言葉
　　命かけて　心こめて　ジュ・テーム

恋があふれる時　聞こえる歌
セ・ラ・ロマンス
肩を寄せ合う時　安らぐ胸
セ・ラ・ロマンス
夜が運んで来る　あしたの夢
セ・ラ・ロマンス
いつもふたりで行く　見知らぬ国
セ・ラ・ロマンス

　　ラ・ラ・ラ…

★エンリコ・マシアスが1972年に発表した。訳詩は1973年に芦野宏が録音。マシアスもこの訳詩で録音している。

ソイ（私は）
Soy

（作詩・作曲：Chanona）

なぜか　あなたが
悲しそうにしていると
空にまたたく　星の光も消えてゆく
だから　泣かないで
ほほえんでね　この私に
ただ　それだけてで
私は　うれしいの

★メキシコのマグダ・フランコが録音した。1970年頃に訳詩し、宝とも子が創唱。

そして今は
Et maintenant

（作詩：Pierre Delanoë）
（作曲：Gilbert Becaud）

泣いても　叫んでも
あなたは　もういない
涙の　泉さえ
かれた　今はもう
どうして　生きるの
あしたを　あさってを
ときめく　心も
むなしい今

この世に　残された
私は　ただひとり
今宵は　誰のため
夜明けは　なんのため
どうにも　ならない
うつろな　この命
なんにも　いらない
死にたいだけ

泣かずに　微笑んで
すべての　夜を焼き
あなたを　憎みたい
明日の　朝こそ
こうして　私は
涙も　花もなく
誰にも　知られず
死んでゆくの
今はもう　何もない
今はもう　何も　何も　何も

★ベコーが1962年に作った名作。彼自身の
ほかグローリア・ラッソが歌って成功を収め
た。1967年に訳詩して，前田はるみが創唱。
1980年に初録音。

その男ゾルバ
La danse de Zorba

（仏語歌詩：F, Dorin）
（作曲：M. Theodorakis）

ああ　ああ　ああ　ああ
あなたはやさしく　私の手をとり
仲良くふたりは　踊りに行く

灰色に見える　この世の中も
踊ればたちまち　バラ色になる
誰にも言えない　心配ごとや
悩みがあるなら　踊りにおいで
いっしょに楽しく　踊りにおいで
恋する人には　いのちは短い
さあ楽しむのは　今のうちさ

風吹く空から　聞こえる調べに
ときめく心は　踊り出すの
どんなに悲しく　苦しいことも
踊ればたちまち　忘れてしまう
ひとりでクヨクヨ　考えないで
淋しい時には　踊りにおいで
どんなに貧しく　不幸な人も
踊ればたちまち　幸せになる
バラ色の夢を　見ている人は
いっしょに楽しく　踊りにおいで
踊りにおいで　踊りにおいで

★1964年の映画「その男ゾルバ」の主題曲
で，ギリシャのミキス・テオドラキスの作品。
1965年に訳詩，同年岸洋子が録音。

そよ風のバラード（瀕死の人）
La maribond

（作詩・作曲：Jacques Brel）

アデュー　エミール　ぼくたちは
とっても仲がよかったね
同じワインを飲み
同じ娘を愛して
同じように泣いた
アデュー　エミール　ぼくは死ぬ
春に死ぬのはつらいが
安らかにゆくよ
女房の面倒は　君がみておくれ
うたい笑い　ダンス踊って
陽気にやれよ　ぼくの葬式は

アデュー　坊さん　あなたを
尊敬していましたよ
立ち場は違っても
同じ街で暮らす
同じ人間なんだ
アデュー　坊さん　ぼくは死ぬ
春に死ぬのはつらいが
あきらめてゆきます
あの世の面倒は　みてくれるでしょう
お経なんて　どうでもいいが
たのみますよ　ぼくの葬式を

アデュー　アントワーヌ　貴様なんか
大嫌いだったのに
ぼくがくたばって
貴様は長生き
憂うつになるよ
アデュー　アントワーヌ　ぼくは死ぬ
春に死ぬのはつらいが
のろいながらゆくよ
女房の恋人は　きっと貴様だと
知っていたさ　ずっと前から
顔を出すなよ　ぼくの葬式に

アデュー　妻よ　誰よりも
お前を愛していたよ
けれど天国へ
お前を残して
行かねばならない
アデュー　妻よ　ぼくは死ぬ
春に死ぬのはつらいが
目をつぶってゆこう
この目を永遠に　つぶってやるから
うたい笑い　ダンス踊って
楽しむがいい　ぼくの葬式を

★ジャック・ブレルの1961年の作品で、アメリカでもヒット。英題にもとづいて「そよ風のバラード」という邦題がついた。訳詩の創唱は堀内環。

ソラメンテ・ウナ・ベス
Solamente una vez

(作訳詩・作曲：Agustin Lara)

ただ一度の　この恋は
ただ一度の　しあわせ
愛し合った　ふたりの　その瞳は
望みに燃えて　甘い夢を見る

ただ一度の　よろこびに
いのちかけた　あの夜
あなたに抱かれ　聞いた鐘の音は
高なる胸にひびく　恋の歌

★メキシコのアグスティン・ララが1941年に作ったボレロ。1962年に訳詩し、竹平光子が録音。

太陽がいっぱい
Plein soleil

(作曲：Nino Rota)

あなただけが　私の恋人
思い出して　あの浜辺を
ふと見交わす　あなたの瞳に
赤い太陽が　みちあふれて
夢を見てた　夜明けの海

あなただけが　私ののぞみよ
忘れないで　あのくちづけ
いつまでもと　誓いを交わして
燃える太陽を　見上げながら
愛し合った　若いふたり

あなただけが　私のいのちよ
今はいずこ　あの幸せ
胸せつなく　涙をぬぐえば
赤い太陽も　波に沈み
消えていった　はかない恋

★1959年の映画「太陽がいっぱい」の主題曲。1963年に訳詩、録音はグラシエラ・スサーナほか。

ただそれだけの人生でも
Pourtant la vie

(作詩：Luis Aragon)
(作曲：Jean Ferrat)

走りまわる子犬を　空を飛ぶ小鳥を
庭で遊ぶ子供を　やさしく見守る
夕暮れの涼しさに　ドアの開く音に
リラの花の香りに　心がやすらぐ
　　（くりかえし）
　　　ただそれだけの人生は
　　　ただそれだけですばらしい

ささやかな望みを　心に抱きしめ
あしたを夢みて　働きつづける
出会って別れる　この世の旅路を
行くあてもなく　さすらいつづける
　　（くりかえし）

知らず知らずに　月日は流れ
いつしか年老い　とこしえに眠る
世界のどこかで　名もない人たちが
短いいのちを　ひたすら生きてる
　　（くりかえし）

よこしまなことを　たくらむ人や
お酒におぼれる　人もいるけれど
私という人間は　いとしいあなたの
微笑みひとつで　幸せになれる
　　（くりかえし）

★ルイ・アラゴンの詩にジャン・フェラが作曲した。訳詩の創唱・録音は奥田真祐美。

タトゥーエ（いれずみ）
Tatouée

(作詩・作曲：K.Ternovtzeff)

私の肌を　白いキャンバスにして
あなたは描いてゆく　ハートのキング

　　（くりかえし）
　　腰から　肩へ
　　やさしく　指が流れて
　　和らいだ　私のメランコリー
　　肌に　残る　タトゥーエは
　　傷ついた　愛の足跡

過ぎ去った　恋なんか　忘れて
まなざしに　悲しみを　かくして
すばらしい　思い出を　作るため
ゆだねるわ　何もかも　あなたに

　　（くりかえし）

かぎりない　苦しみに　耐えながら
ほろ苦い　涙など　乾かして
この肌に　燃やしたい　いつまでも
あざやかな　色をした　血を

★エンゾ・エンゾが1990年に放ったヒット。訳詩の創唱は伊藤ナオミ、2003年に初録音。

タバコの歌
Du gris

(作詩・作曲:F.L.Benech & E.Dumont)

(語り)
　ねえ、あんた、モク1本、
　私に恵んでくれない？
　お世辞じゃないけど、
　あんた、とってもいい人ね
　みなりはあんまりイカさないけど
　そんなこと、かまやしない
　お願い、私におくれよ
　吸いさしでいいわ
　洋モクなんて言わない
　そんなの、見てくれだけだもの

　(くりかえし)
　　タバコの煙の中には
　　苦くて悲しい味がある
　　貧しい暮らしのにおいや
　　破れた恋の思い出

タバコをふかすのは　悩みがあるからさ
吸わずにすむなら　苦労はないけど
お酒におぼれても　むなしくなるだけ
タバコは私の　心の慰め
ひと口ふかせば　悩みもやわらぐ

　　　　　　　　(くりかえし)

先生、かくさずに　話してちょうだい
私の病気は　助からないのね
この世の片隅に　ひとつのいのちが
誰にも知られず　明日は消えてゆく
死んでもいいから　タバコを吸わせて

　タバコの煙は静かに
　私の心を運ぶよ
　みじめな暮らしもなくなる
　闇の彼方のあの世へ…

★フレールが創唱した戦前のシャンソン。1964年に島崎雪子のために訳詩。その後1980年に栗原道子によって復活。

旅路の果てに
Au bout de mon âge

（作詩：Luis Aragon）
（作曲：Jean Ferrat）

　　（くりかえし）
　　旅路の果てに　見る夢は
　　天国なのか　地獄なのか

さえずる鳥を　驚かせ
逃がしてしまう　愚か者
私みたいな　人間が
この世の中に　多すぎる

　　（くりかえし）

鏡にうつる　自分にも
気がつかないで　通り過ぎ
生きるともなく　生きている
幸せ者が　多すぎる

　　（くりかえし）

大金持ちに　なろうとも
貧乏詩人で　終わっても
所詮この世は　運命に
あやつられての　綱わたり

　　（くりかえし）

生まれたからには　死んでゆく
人生という　宿命は
ほんの束の間　うたわれて
忘れ去られる　はやり歌

　　（くりかえし）

★ 1964年にジャン・フェラが発表。訳詩の創唱と録音は奥田真祐美。

タブー
Tabú

(作詩・作曲:Margarita Lecuona)

はるか 南の島に
月 輝く夜は
深い 悲しみこめて
歌声は流れる
あわれ わがさだめは
とわの とらわれびと
神に ただ祈るは
われを 慰めたまえと
オチュン・イ・ファ
オバタラバ・チャンゴ・イエマジャ

★ソン・アフロという形式のキューバの歌。訳詩の創唱と録音は宝とも子(1962年)。

誰
Quién?

(作詩・作曲:Camilo Sesto)

じっとあなたの 寝顔を見つめて
低い声で私は 言ってみたの
さよならと
今日 今日こそは 出て行くわ
この家から
涙もキッスも この私を
ひきとめたりできないわ
多分そのほうが お互いのためよ
愛に傷つく前に 愛を捨てましょう
誰 誰 誰かほかに好きな人がいるなら
誰 誰 誰にも気兼ねなんかいらないのよ
誰 誰 誰もあなたを責めたりはしないから
愛し愛されて 勝ちとって 失って
泣いて笑って 疲れてしまったわもう
ふたりとも

★スペインのカミロ・セストが1973年に録音。1980年に訳詩し、くみ・あおいが創唱。

小さな言葉
Les p'tits mots

(作詩：Lang)
(作曲：Barnel)

　　（くりかえし）
　　いつも何げなく　交わす挨拶
　　小さな言葉から　愛が生まれる

　　レ・バイバイ、アリベデルチ
　　レ・ボンソワール、エトセトラ
　　小さな言葉でも　愛がつたわる

　　失礼、ありがとう
　　町で　すれ違う
　　人と人を　結ぶ言葉

いつも何げなく　交わす挨拶
小さな言葉から　愛が芽生える

朝は門口で　行ってらっしゃい
早く帰ってねと　愛がふくらむ

もちろん　この世には
嫌な人もいるが
忘れましょう　おこらないで

いつも何げなく　交わす挨拶
小さな言葉にも　愛が花咲く

　　何か悩んだり　悲しい時は
　　なぜか思い出す　小さな言葉を

　　たとえ　愛し過ぎて
　　裏切られても
　　それが　人生じゃないの

　　ラララララララ
　　ラララララララ…

　　（くりかえし）

★ダリダが1983年に録音。1995年に訳詩、石井慶子が録音（1998年）。

チキリン・デ・バチン
Chiquilín de Bachín

（作詩：Horacio Ferrer）
（作曲：Astor Piazzolla）

汚れた顔した　小さな天使
ブルージーン姿の　子供がひとり
夜になると　バチンの店へ
バラを売りにゆく

来る日も来る日も　悲しみばかり
夜が明けなければ　いいのに…などと
思いながら　少年は食べる
ススまみれのパンを

　　チキリン
　　ぶっておくれ
　　馬鹿な私を
　　お前のバラで…
　　飢えるということの
　　おそろしさが
　　わからなかった　私を…

朝には仲間が　学校へ行くが
彼だけ残って　世間を学ぶ
夜ごと母は　春をひさぎ（媚びを売って）
彼はバラを売る

パンとマカロニで　えがいた凧は
飛び立ちたくても　とわに飛べない
心閉ざした　不思議な少年
年寄りじみた子供

（くりかえし）

★アルゼンチンの鬼才ピアソラの1969年の作品。1995年に訳詩し、伏見淑子が創唱。

チャーリーの天国
Charlie, t'iras pas au paradis

（作詩：Pierre Delanoë）
（作曲：Gilbert Bécaud）

　　＜コーラス＞
　　チャーリー　オー　チャーリー
　　地獄へおちるぞ
　　チャーリー　オー　チャーリー
　　天国はムリだよ
　　教会に来て　そんな態度じゃ
　　天国へ行けないよ　チャーリー

柱の向こうに　彼女がいるんだ
もうあの人しか　見えなくなったよ
ぼくには彼女が　聖母のマリアさ
どうすりゃいいんだ　祈れと言うのか

（くりかえし）
　　＜コーラス＞
　　オー　チャーリー
　　地獄へおちるぞ
　　チャーリー　チャーリー
　　天国はムリだ

どうでもいいさ　君の天国なんか
ぼくの天国は　あの人だから
やさしい（マリー）すてきな（マリー）
かわいい（マリー）いとしい（マリー）
会いたい（マリー）抱きたい（マリー）
愛してる（マリー・ルイーズ）

彼女を口説くにゃ
今がチャンスだぞ

一時間も前に　教会へ行くのは
彼女が来るのを　見たいからなんだ
彼女が懺悔(ざんげ)を　している間は
相手の坊主に　やきもち　やけるよ

（くりかえし）

さっき教会を　彼女は出てった
またしてもぼくは　デートに失敗
笑わば笑えよ　見ているがいいさ
いつかは彼女と　結婚してやる

（オー　チャーリー　天国へ行けるよ
チャーリー　チャーリー
お前の天国へ）

花嫁衣裳の　彼女の手をとり
ぼくは教会で　式をあげるんだ
マリーの亭主に　なるのさ
マリーの　マリーの
マリー　マリー　マリー

★ジルベール・ベコーの1970年の作品。訳詩の創唱と録音は堀内環（2003年）。

東京のセレナーデ
Serenata a Tokyo

(作詩・作曲：Alfredo Gil)

東京　建ち並ぶビルの谷間
東京　走りゆく車の列
東京　よせ返す人の波
その町は生きている
青空を夢みながら

東京　そぞろ歩きのふたりづれ
東京　恋の都
東京　日ぐれ時の町かど
そよ吹く風はうたう
甘い調べ

東京　語り合うカフェのテラス
東京　すれ違う駅のホーム
東京　名も知らぬ人たちが
出会っては別れゆく
思い出を胸に抱いて…。

★メキシコのトリオ・ロス・パンチョスが日本公演で歌ったボレロ。1981年、大東京都祭のために訳詩。

東京モナムール
Tokyo mon amour

(作詩：Jacques Demarny)
(作曲：Enrico Macias)

ふたりの小さな幸せが　生まれた町角に
昨日のあなたを探してる　悲しいこの心
東京モナムール　ジュ・テーム・ダムール
あなたはどこにいる
呼んでも呼んでも帰らない
つれない影法師

ふたりで育てた思い出が　ここにもあそこにも
花びらみたいに散っている　淋しい並木道
東京モナムール　ジュ・テーム・ダムール
あなたはどこにいる
涙が涙がこみあげる
冷たい夜の風

ふたりが心の片隅で　別れを知りながら
あしたを夢みて生きていた　懐かしいあのころ
東京モナムール　ジュ・テーム・ダムール
あなたはどこにいる
愛して愛してもう一度
せつない恋の町

命のかぎりにいつまでも
あなたを忘れない

★1970年、エンリコ・マシアスが来日した時、手土産に持って来た歌。原詩がまだ未完成だったので、先に日本語歌詩をつけ、マシアスが創唱・録音。フランス語はあとからついた。日本人歌手の初録音は芦野宏。

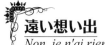
遠い想い出
Non, je n'ai rien oubllé

(作詩：Charles Aznavour)
(作曲：George Garvarentz)

思いがけなく　君と会えて
思い出すよ　昔のことを
偶然って　不思議なものだね
　ノン　忘れないさ
久しぶりの　君の姿
変わらないよ　娘時代と
でも髪形を　ちょっと変えたね
　ノン　忘れないさ　いつでも
結婚？　ぼく？
まださ　したくないんだ
ひとりのほうが　気が楽だし
これはという　相手もいないし
それより君　聞かせておくれ
どんなふうに　暮らしてたの？
あれからずっと　ひとりなのかい？
ご両親は　どうしているの？
　ノン　忘れないさ

胸の傷は　時がたてば
消えてゆくと　思っていたが
今になって　痛む傷あと
　ノン　忘れないさ
語り合おうよ　少し飲んで
言いたいことが　余り多くて
どう言おうか　何から言おうか
　ノン　忘れないさ　あのころ
若さがぼくの　とりえだったが
君のパパが　君にかけた
大きすぎる　期待にそわず
君とぼくは　引き裂かれた

涙ながら　手紙書いた
何度書いても　返事は来ない
苦しかった　あきらめるのは…
　ノン　忘れないさ

(語り)
もうこんな時間…カフェが閉まるよ
じゃ　送って行こうか　君の家まで
いつかドアの所でそっとキッスしたっけね
　ノン　ノン　忘れないさ
めぐる季節は　愛の季節
冬もなく秋もなく　いつも春
若いふたりは　愛し合っていた
　ノン　ノン　忘れないさ　あのころ

ほんとに今日は　うれしかったよ
若がえった　気がするんだ
若いころを　思い出すのが
大事なのさ　この歳では…
だから　いつか　また会いたい
君と会って　思い出したい
ふたりだけの　遠い想い出
じゃ　忘れないで
どうか　ぼくのことも…

★アズナヴールの 1971 年の作品。1991 年に訳詩、仲代圭吾が創唱。

とうとうあなたに
C'est toujours la première fois

（作詩・作曲：Jean Ferrat）

とうとうあなたに　また会えました
腕をひろげて　抱きとめてください
あの日のように
愛はいつでも　初恋なのです

近くにいた時　見えないあなたが
遠くに離れて　見えて来るのは
なぜでしょうか
愛はいつでも　初恋なのです

許してください　あふれる思いを
あなたに伝える　言葉も知らない
こんな私を
愛はいつでも　初恋なのです

教えてください　あなたに焦がれて
乾いたくちびる　どうしていやせば
いいのですか
愛はいつでも　初恋なのです

とうとうあなたに　めぐり逢いました
やさしく腕に　抱きしめてください
命のかぎり
愛はいつまでも　初恋なのです
愛は永遠に　初恋なのです

★ジャン・フェラの1965年の作品。1990年頃に訳詩。

時は流れて
Le temps passe

（作詩：Claude Laurence）
（作曲：Boris Vian）

時は流れ去った
鳥も飛んで行った
雲と風と雨が
暗い野原にのしかかる

ひとり待ちつづけて
年老いた私
日付けのない日々は
流れに消え去った

青春時代の
舞踏会には
笑いと涙が
渦まいていたのに

春に死んだ心は
湖(みずうみ)に沈み
日付けのない日々は
炎(ほのお)に燃え尽きた

★堀内環の依頼で訳詩。

時計をとめて
El Reloj
(作詩・作曲：Roberto Cantral)

時の足音は　重く冷たく
悲しい別れの　夜明けが迫る
今宵はふたりの　最後の夜よ
チクタクの音が　心に沁みる

つれない時計よ　その歩みとめて
あの人にいつまでも　抱かれていたいの
その針をとめて　朝が来ないように
とこしえにこの恋を　かなえてほしいの

★ 1957年にヒットしたメキシコのボレロ。
1964年に訳詩し、坂本スミ子が録音。

とわに別れを
Hasta siempre amor
(作詩：Federico Silva)
(作曲：Donato Racciatti)

あなたにも　わかってほしい
愛することの悲しさ
あなたにも　わかってほしい
恋の涙の　せつなさを

夢を追いながら　花にたわむれて
その日その時を　生きてゆくあなた
あなたにも　わかってほしい
裏切られた　この苦しみ

あしたから　私はひとり
思い出だけが道づれ
あしたから　いつもどこでも
他人どうしの　ふたりよ

夢と知りながら　はかない望みに
その日その時を　生きてきた私
あしたから　あなたと別れ
私は行くの　この世界を

★ 1958年にヒットしたウルグァイのタンゴ。
1968年に訳詩、ロス・インディオスが録音。

トム・ピリビ
Tom Pilibi

(作詩:Pierre Cour)
(作曲:André Popp)

トム・ピリビは持ってる
すてきなお城
トム・ピリビの城は
遠いところに
大きな船もあるわ
世界の果てへ
金銀さんごを　さがしに行く
幸せなトム・ピリビ
お友だちになりましょうね
人はみんな　うらやむ
大金持ちの　あのトム・ピリビ

トム・ピリビは持ってる
魔法のオウム
トム・ピリビのオウムは
何でもしゃべる
青いのは顧問　緑は弁護士
六法全書を　ソラで言える
幸せなトム・ピリビ
お友だちになりましょうね
人はみんな　うらやむ
物知りの　あのトム・ピリビ

トム・ピリビは持ってる
心の秘密
トム・ピリビの秘密
私は知ってる
王女さまが彼に
微笑みかけて
お部屋で待ってるわと　ささやきます
幸せなトム・ピリビ
お友だちになりましょうね
どんな星の　下で
生まれたのか　あのトム・ピリビ

トム・ピリビは持ってる
おかしなクセを
トム・ピリビのクセは
ちょっとしたこと
気立てもやさしく　力も強く
すてきな人だが　ウソをつくの
お城も船も何もかも
ありもしないつくり話
だけど私は　しあわせ
愛しているわ　あのトム・ピリビ

★ 1960年のユーロビジョン・コンテストの 優勝曲で、ジャクリーヌ・ボワイエが歌った。同年(1960年)に訳詩、小海智子がソノシートに録音。

ドン・キホーテ
Don Quijote

(作詩・作曲：Augusto Alguerro)

この物語は　はるかな昔
ひとりの気高い　スペインの騎士が
愛する乙女に　心を捧げ
夢を追いかけて
この世を　さすらい歩く
ドン・キホーテ　ドン・キホーテ
勇ましい姿
従うサンチョ・パンサ　ひたすら進む
ドン・キホーテ　ドン・キホーテ
はてない旅路を　いずこへ行くのか
恋を求めて
ドン・キホーテ　ああ
ドン・キホーテ　ドン・キホーテ
ああ　ともに行こう
幸せに満ちた　夢みる国へ
ドン・キホーテ　いつかは愛する
あなたに会える　時が来る
ドン・キホーテ　ドン・キホーテ

★スペインのヒット曲。ロス・エスパニョーレスやモナ・ベルが歌った。1964年に訳詩、カルロス飯田が創唱。

泣きながら
Llorando se fue

(作詩・作曲：Gonzalo y Ulises Hermoza)

泣きながら　あなたは旅に出る
泣きながら　私はただひとり

いつまでも　別れないと
誓ったふたりなのに
愛しても　愛されても
涙が残るだけね

泣きながら　あなたは遠い国
泣きながら　私は暗い部屋

いつかまた　私たちが
めぐり逢う日が来たら
なつかしい　昔ばなし
しながら踊りましょう

★南米ボリビアのカルカスというグループが1982年に放ったヒット。かなりのちになって「ランバダ」という題でヨーロッパで流行した。訳詩の創唱は相原愛。

懐かしき恋人の歌
La chanson des vieux amants

(作詩：Jacques Brel)
(作曲：Gerard Jouannest)

愚かだった恋の　20年の月日
何度別れようと　思ったことかしら
古ぼけた椅子や　家具に残された
嵐の傷あと
やがて何もかも　時に流されて
消えてゆくけれど
　　モナムール　懐かしい恋人よ
　　若いころよりもっと
　　愛しています　今も

まぼろしに過ぎない　恋をとらえようと
罠をかけたあなた　捕らえられた私
もちろんあなたの　浮気の相手も
わかっていたのに　どうやら二人は
大人になれずに　年をとったようね
　　モナムール　懐かしい恋人よ
　　口に出せないくらい
　　愛しています　今も

年月がたつほど　苦しみがふえたわ
少なすぎる涙　遅すぎる後悔
せめてこれからは　隠すこともなく
話し合いたいの　恋というものは
愛するふたりの　いくさなのだから
　　モナムール　懐かしい恋人よ
　　残る命のかぎり
　　愛しています　とわに

★ジャック・ブレルが1967年に発表した名作。1982年に訳詩、同年花田和子が創唱・録音。

何を私に
Qué quieres tu de mí

（作詩・作曲：Jayle Amorin & Ewald Gouveia）

何を私に　してほしいの
もう終わったのよ
私たちに　残ったのは
悲しみの傷あと
二度ともとへ　戻らないわ
過ぎた恋は
ふたりでいても　ひとりぼっちの
私なのだから

今となれば　未練なしに
別れられるでしょう
お願いだから　何も言わず
そっとしておいてね
　　（くりかえし）
　　私じゃないわ　あなたなのよ
　　裏切ったのは
　　どうすればいいの
　　死にたくなるほど　愛したのに

★イーデイ・ゴーメが歌ったラテン・ナンバー。
1995 年に訳詩。

涙
Voir un ami pleurer

（作詩・作曲：Jacques Brel）

誰かが泣いている　遥かなる国で
戦さの絶え間ない　祖国を思って
涙にぬれている　野原の草木も
香り高い花を　踏みしだかれて

誰かが泣いている　名も知らぬ街で
裏切られた恋に　深く傷ついて
涙にくれている　空を飛ぶ鳥も
心のつばささえ　打ちひしがれて

誰かが泣いている　人生の道で
生きてゆく力も　希望もなくして
涙に満ちている　この世のすべては
流れ去る月日に　押し流されて

誰もが泣いている　世界のどこかで
失われた愛を　過ぎゆくいのちを
涙もかれはてた　私が泣くのは
泣いているあなたの　涙を見る時

★ジャック・ブレルの 1977 年の作品。1979 年
に訳詩、伏見淑子が創唱。のち多くの歌手が録
音している。

涙のしずく
El chorrito

(作詩・作曲:Gabilando Soler)

青空に舞い上がる
噴水のしずくさん
雨の夜のガラス戸に
とまってるしずくさん
ひとりぼっちの
かわいそうな私の
涙のつゆの　友だちになってね

思い出は叱られて
泣いていたあの夜の
涙のしずくの　甘いかおり
泣きながらいつとなく
眠りゆく夢では
涙のしずくはうたうよ
かわいい声で

(コーダ)
涙のしずくがうたった
幼い夢よ

★メキシコの童謡。1963年に訳詩、同年NHKテレビの番組「夢であいましょう」で坂本スミ子が創唱。録音はカルロス飯田とグルーポ・クリクリ（1994年）。

涙のベルジェ
Un berger vient de tomber

(作詩:Jacques Demarny)
(作曲:Enrico Macias)

銃声が鳴りひびいて　羊飼いが倒れた
人の心は涙にぬれて　闇が世界を包んだ
そのなきがらの前では　またも戦争が始まる
平和のためにつくした彼の
思い出さえも忘れて

あとにつづく者は　誰もいないのか
犠牲の上に過去の歴史が
切り開かれて来たのに

旗を真っ赤な血で染め　羊飼いが世を去った
牙をむき出し狼どもが　子羊の群れを襲う
腕をこまねくだけでは
この世はどうにもならない
平和のために倒れた彼の
死も無駄になってしまう

声のつづくかぎり　愛をうたいたい
明日の歴史を作り出すのは
私たちの義務だから

生まれ故郷の大地に　羊飼いはまどろむ
生きとし生ける人の心に　希望と夢を残して

★1981年エジプトのサダト大統領が暗殺された時、エンリコ・マシアスが作った。1883年に訳詩して栗原道子が創唱。録音は仲代圭吾ほか多数。

ナントの町に雨が降る
Nantes

(作詩・作曲：Barbara)

ナントの町に雨が降る
涙のような雨が降る

あの時もこんな　暗い朝だった
悲しい知らせを　私は受け取った
夢にも忘れない　あの人はナントで
いまわにひと目と　私を呼んでいた
　あなた　死なないでね
　私が行くまでは
　いつか会える時を
　信じていたのよ

あの時もこんな　冷たい日だった
小さないさかいが　ふたりを引き裂いた
ゆくえもわからない　さすらいの旅に
私を残して　あの人は出かけた
　待ちに待っていたわ
　あなたの帰る日を
　いつも夢にみて
　暮らして来たのよ

うす暗い部屋の　燃える火のそばに
見知らぬ男が　黙って立っていた
そのあわれむような　まなざしの中に
おそすぎたことを　私はさとった

あなたは死んでいた
あなたの瞳には
私の姿は
もう見えないのね

あの時もこんな　闇の夜だった
それがあの人の　最後の旅だった
かすかなほほえみを　口もとに浮かべて
さよならも言わず　この世から去った
　バラの花が咲く
　海の見える墓に
　あなたは静かに
　眠っているのね
　いとしいあなた

ナントの町に雨が降る
涙のような雨が降る

★バルバラの1959年の作品。1965年に訳詩して前田はるみが創唱。1980年に島本弘子が録音。

はかない愛だとしても
Il me dit que je suis belle

（作詩・作曲：S. Brewski）

生きる甲斐もない　人生を
うつろな月日が　通り過ぎてゆく
苦しみ悩み　泣いて叫んで
あきらめることを　覚えたあとに
残されたのは　夢みることだけ
たとえはかない　夢だとしても

彼が言ったの　君はかわいいって
言ってくれたの　君が好きだと
言葉は言葉に　過ぎないけれど
心に響いた　やさしいその声

幸せそうな　ふたり連れが
人波にまぎれて　通り過ぎてゆく
愛し合っている　恋人どうしが
人目をしのびながら　愛を確かめる
彼らのように　幸せになれるのは
はかなく消えてゆく　夢の中だけかしら

彼が言ったの　君はかわいいって
言ってくれたの　君が好きだと
信じられない　言葉だけれど
嘘でもいいから　信じていたい

彼が言ったの　愛しているよと
まるで映画のシーンのように
愛し合ったわ　シナリオどおり
たとえはかない　愛だとしても
ええ　愛しているわ

★パトリシア・カースが 1993 年に録音。

はげしい口づけ
Mil besos

（作詩・作曲：Emma Elena Vardelamar）

愛することの　悲しさを
今　私は知ったの
なぜ　なぜこんなにあなたを
愛したのかしら　わからないの

甘くはげしい
くちづけに酔う　女ごころ
愛しすぎては
いけないことは　知っていても
好き　好き好きよ
いつもどこでも　忘れないわ
あなたを愛する　ことが罪でも
かまわないわ

愛しているの　口づけするの
気も狂うほど
いつかあなたに　あげた心を
返してちょうだい

★1946年に作られたメキシコのボレロ。1966年に訳詩、前田はるみが創唱・録音。

初めての日のように
Comme au premier jour

（作詩：Pierre Dorsey）
（作曲：Hubert Giraud）

初めての口づけ
交わした日よ
櫻の花の下で　私は恋を知った

初めてのあの朝
あなたの手で　私は震えていた
のがれられぬ　恋のさだめ

（くりかえし）
　私はあなたのもの
　燃える胸に　明日を待ち望む

初めての日のように
私を見て　あなたが微笑む時
春はめぐり　花は香る

もしあなたが　いつの日にか
私を捨て　立ち去るなら
私は　死んでしまう
破れた　胸の傷に

（くりかえし）

初めての日のように
手に手をとり
ふたりで　育てましょう
とわの愛を　あの日のように

★1960年のシャンソン・コンクールでジャクリーヌ・ボワイエが歌い、第2位に入賞した歌。同年訳詩し、福本泰子が創唱。1961年に岸洋子が録音。私の訳詩が初めてレコードになった。

パダン・パダン
Padam padam

(作詩:Henri Contet)
(作曲:Norbert Glanzberg)

いつでもどこでも　私の心に
悲しい調べが　聞こえて来るのよ
なぜかは知らないが　私はせつない
何度もくりかえし　私に呼びかけ
ひびく　あの音

パダン　パダン　パダン
私を追いかける
パダン　パダン　パダン
あなたの思い出か
パダン　パダン　パダン
それは昼も夜も
心にうたいつづける
不思議な調べ

あなたを愛した　私の心に
やさしい調べが　聞こえて来るのよ
なぜかは知らないが　涙があふれる
今も耳に残る　あなたの言葉の
恋のリズムよ

パダン　パダン　パダン
むなしく夢はさめ
パダン　パダン　パダン
すべては過ぎてゆく
パダン　パダン　パダン
とこしえの誓いが
消えたあとに残るのは
不思議な調べ

パダン　パダン　パダン
人は恋をうたい
パダン　パダン　パダン
やがて恋に泣くよ
パダン　パダン　パダン
ふたりのしあわせが
消えたあとに残るのは
不思議な調べ

★ 1951年にエディット・ピアフが録音し、52年度ＡＤＦディスク大賞を受賞した。1965年、ジャクリーヌ・フランソワが日本語で吹き込むことになり、レコード会社の依頼で訳詩したが、この企画は結局実現しなかった。

花売り娘
La violetera

(作詩:Edoardo Montesinos Lopez)
(作曲:José Padilla)

小鳥が春を　告げるように
スミレの花を　売りながら
歌声も　かろやかに
風に流れて　青空へ飛んでゆく

　花束はいかが　スミレの花束
　幸せな夢を　あなたに贈る
　スミレの花束

貧しいけれど　美しく
スミレの花の　その香り
幸せな　あなたの胸に
咲いている　愛の花

★スペインの歌。1931年のチャップリン映画「街の灯」の主題曲として使われ、日本では1933年の宝塚歌劇「花詩集」の主題歌となって流行した。1962年に訳詩、春日沙織里が創唱。

花祭り
La fête des fleurs

(作詩・作曲:Edmundo Zaldivar)
(仏語歌詩:Jacques Plante)

水の流れに　ギターがうたえば
橋をくぐって　ボートが近づく
舟べりには　揺れている　花のかげ
川べりには　にぎやかな　小鳥たち

あかね色に　燃えながら　陽が沈む
夜の闇が　音もなく　しのび寄る

今宵は待ちに　待った花祭り
心ときめく　恋の花かざり
歌っておくれ　甘い歌　ひめやかに
愛し合おうよ　幸せに　夜明けまで

水の流れに　ギターがうたえば
橋をくぐって　ボートが去りゆく
ひと夜だけの　よろこびと知りながら
恋の花が　咲きかおる　カーニバル
シ・ビアン　シ・ビアン

★原曲はカルナバリートという形式のアルゼンチンの民謡曲「エル・ウマウアケーニョ（ウマウアカの人）」で、1943年に採譜された。1950年代にフランス語歌詩がついてイヴェット・ジローが歌い、シャンソン「花祭り」として知られるようになった。訳詩の創唱は芦野宏。

バラ色の人生
La vie en rose

(作詩：Edith Piaf)
(作曲：Pierre Louiguy)

(くりかえし)
　あなたの胸に　抱かれている
　夜のひと時
　悩みも消えて　この世界は
　すべてバラ色

いつもと同じ　あの言葉に
夢みる心
あなたのための私
私のためのあなたと
いのちをかけて
愛の誓い　交わすの

あなたの瞳に　あふれる幸せ
微笑み浮かべた　やさしい面影

(くりかえし)

★ 1945 年、マリアンヌ・ミッシェルが創唱。エディット・ピアフは 46 年に録音した。1965 年、ジャクリーヌ・フランソワのために訳詩。1966 年に岸洋子が録音。舞台でピアフを演じた大竹しのぶも歌った。

パリ祭
A Paris dans chaque faubourg

(作詩：René Clair)
(作曲：Maurice Jaubert)

いつもの街角で　ふたりが出会うとき
見つめるまなざし　こぼれる微笑み
手に手をとり合えば　恋が生まれる
パリ祭のころ

パリの空晴れて　道ゆくふたりは
心も軽く　希望に燃える

(くりかえし)
　ここにもあそこにも　愛が花咲き
　流れる歌声も　楽しいパリ祭

パリの夜ふけて　寄り添うふたりは
恋に酔いしれ　交わす口づけ

(くりかえし)

★ 1932 年の映画「巴里祭」(原題は「7 月 14 日」) の主題歌。1965 年にジャクリーヌ・フランソワのために書いた訳詩を後年改作。

パリの空の下
Sous le ciel de Paris

(作詩：Jean Drejac)
(作曲：Hubert Giraud)

夜明けのパリ　晴れた空を　ム…ム…
飛んでゆくよ　愛の歌が
その下では　肩を組んで　ム…ム…
そぞろ歩く　恋人たち
橋のたもと　たたずむのは
ねぐらを持たない　貧しい人
真昼のパリ　空は青く　ム…ム…
人の波は　パリをうたう
広い町の　そのどこかで
人は笑い　泣いている
けれども奏でる
アコーディオンとともに
希望の　花が咲く

日暮れのパリ　かすむ空に　ム…ム…
鳥の群れが　騒ぎたてる
その下では　声をひそめ　ム…ム…
子守唄を　うたうセーヌ
パリの空は　川の島に
ひそかに思いをうちあける
恋する時　空は晴れて　ム…ム…
泣く時には　雨を降らす
時にはまた　腹をたてて　ム…ム…
かみなり様　とどろくけれど
根はやさしい　パリの空は　ム…ム…
夢の虹を　見せてくれる

★ 1951年の映画「パリの空の下セーヌは流れる」の主題歌。スクリーンではジャン・ブルトニエールが歌った。1965年にジャクリーヌ・フランソワのために訳詩。のち立川澄人が録音。

パリの屋根の下
Sous les toits de Paris

(作詩：René Nazelles)
(作曲：Raoul Moretti)

あの人も　この人も
貧しいけれど
夢を見て　しあわせに
その日を送る
はたちの　胸の中に
恋が芽生えるとき
パリの屋根の　下は楽し
ふたりだけの　世界
今日も明日も　いつまでもと
愛を誓う　ふたり
あなたさえ　いるならば
幸せよ　この私
パリの屋根の　下に咲いた
恋の花は　かおる

★ 1930年の映画「パリの屋根の下」の主題歌。1965年にジャクリーヌ・フランソワのために訳詩。

はるかなる友
Ami lointain

(作詩：Francis Lemarque)
(作曲：B.Mukroussov)

はるかな街で出会った
見知らぬ誰かが
通りすがりのこのぼくに
目を合わせて微笑んだ
偶然　出会った
ただそれだけのことだけど
なぜか今だに忘れられない
あの笑顔　あの瞳

名も知らぬその人は
別れを惜しむように
遠くから手をふりながら
人波に消え去った
出会って　別れた
ただそれだけのことだけど
なぜかぼくにはよくわかった
あの人の　悲しみが

出会って　別れた
ただそれだけのことだけど
どこでどうしているのだろう
はるかなる　あの友は

★イヴ・モンタンが1960年代に歌ったロシアの歌。訳詩の創唱は宇佐美一生（2006年）

ハンブルグにて
C'est à Hambourg

(作詩：Claude Delécluse & Michel Senlis)
(作曲：Marguerite Monnot)

（くりかえし）
　　ハンブルグでも　サンチャゴの町も
　　世界の港は　どこでも同じさ

ハロー・ボーイ
ユー・カム・ウイズ・ミー？
アミーゴ、テ・キエロ・ムーチョ
リーブリング、コム・ドゥ・ミット・ミル

ハンブルグの港に　降りしきる雨は
疲れたはしけを　岸辺に運んだ
男は誰でも　愛に飢えていた
私の心は　夢に満ちていた

（くりかえし）

ハンブルグの波止場で　ひとりの男が
やさしい言葉で　私を泣かせた
「お前が好きだよ　幸せにするよ
何もかも捨てて　いっしょにおいでよ」
…いい男だったわ

ハンブルグの町では　私は今でも
船乗り相手の　しがない暮らしさ
悲しい時には　いつも思い出す
あれっきり会えない　あの人のことを…

ハンブルグでも　サンチャゴの町も…

ソー・ロング・ボーイ
アディオス・アミーゴス
ナーヘ・シャス

さよなら…　元気でね

★ 1955 年にエディット・ピアフが歌った。1962 年に訳詩し、岸洋子が創唱。1980 年に金子由香利が録音。

ひかり知らずに
Sans voir le jour

(作詩：Enrico Macias)
(作曲：作者不明の民謡曲)

（くりかえし）
　ひかりも　影も見えない
　哀れな　めくらのお前は
　（瞳を　失くしたお前は）
　手に持つ　杖をたよりにして
　この世の　道を行く

青い空に　浮かんだ
白い雲の　姿も
山の松の　緑も
こがね色の　麦の穂も
甘い愛の　微笑み
燃える恋の　まなざし
それもみんな　お前の
闇の目には　うつらない

（くりかえし）

けれどぼくは　うらやむ
何も見えない　お前を
怒り狂う　あらしも
過ぎた恋の　足あとも
裏切られて　泣いてる
こんなぼくの　姿も
それもみんな　お前の
闇の目には　うつらない

（くりかえし）

★エンリコ・マシアスが 1965 年に発表した。同年訳詩して、66 年に山崎肇が録音。

ピアノ・プレイヤー
Piano player

(作詩・作曲：Georges Moustaki)

(くりかえし)
私はシャンソニエ・デュモンのピアニスト
誰でも私のピアノに合わせて
得意のシャンソン歌って飲めば
悩みを忘れて楽しくなるわ

もしもお呼びがあったなら
ニューヨークでもバリでも
出稼ぎに行ってもいいけれど
この店が好きなのよ

(くりかえし)

私は夢にもショパンやドビュッシーに
なりたいなんて思わないけれど
トロンボーンやフルートよりも
このピアノが好きなのよ

(くりかえし)

私はスターを夢みたりしない
たとえ名もないピアニストでも
思う存分ピアノをひけるなら
それだけで幸せよ

(くりかえし)
私はシャンソニエ・デュモンのピアニスト
カーネギー・ホールを夢みたりしない
どこであろうとピアノさえあるなら
それだけで幸せよ

私はシャンソニエ・デュモンのピアニスト
皆さん私のピアノに合わせて
得意のシャンソン歌って飲んで
楽しい夜を過ごしてくださいな

私はシャンソニエ・デュモンのピアニスト
デュモンのデュモンのデュモンのピアニスト

★ジョルジュ・ムスタキの1977年の作品。訳詩の創唱は日野敦子。彼女が経営するシャンソニエ「デュモン」に合わせてあるが、適宜変更も可。

ひとりだけのあなた
Y'en a pas deux comme lui

(作詩：Jacques Plante)
(作曲：Pierre Louiguy)

ささやいてほしいの
誰よりも好きと
ほんのひと言
それだけでいいのよ
私はあなたのもの

ひとりだけなの　この世の中で
あなたひとりだけを
いつまでも　愛しているわ
ひとりだけよ　あなたのそばで
私ひとりだけが
いつまでも　愛されたい

その腕に　抱きしめて
私のすべてを
せつなくて　うれしくて
こんなに涙が　あふれて来るのよ
いのちをかけて あなたひとりだけを
いつまでも　愛しているわ

さよならの　言葉など
ふたりには　ないの
愛し合う　よろこびに
ふたつの心は　ひとつになるのよ
いのちをかけて　あなたひとりだけを
いつまでも　愛しているわ
愛しているわ　愛しているわ
あなたを

★ニラ・カラが歌ったシャンソン。1967年に訳詩、同年岸洋子が録音。

ひとりぼっちのタンゴ
Tout seul
(作詩：Jean Peigné)
(作曲：Enrico Maacias)

暗い夜は　悲しみとふたりづれ
闇の中に　消えた幸せの夢
瞳に涙浮かべ　別れの言葉交わす
そんな夜だから
暗く悲しい夜は　ひとりぼっちはいやよ
私は待っているわ　いつでもあなたを
あんまり愛しすぎて　ひとりぼっちが怖い
せめて今夜だけでも　ひとりにしないで

星の夜は　愛し合うためのもの
夢の中の　ひと夜かぎりの恋に
あなたの声を聞けば　胸もあやしく燃える
そんな夜だから
星のきれいな夜は　ひとりぼっちはいやよ
私は待っているわ　いつでもあなたを
あんまり愛しすぎて　ひとりぼっちが怖い
せめて今夜だけでも　ひとりにしないで

たとえ夜が　心にしみる時も
かまわないわ　あなたとふたりならば
希望に満ちた朝の　おとずれを待ちのぞむ
そんな夜だから
あんまり愛しすぎて　ひとりぼっちが怖い
せめて今夜だけでも　ひとりにしないで

★エンリコ・マシアスが1966年に発表したタンゴ調の歌。1967年に訳詩して、同年前田はるみが録音。

ファネット
La Fanette
(作詩・作曲：Jacques Brel)

ファネットはぼくを　愛していた
人かげもない　夜の浜辺
波が星に　ささやいている
ぼくがファネットに
うたったシャンソン

ファネット　君はすてきだった
真珠のように　美しかった
美しすぎた
ファネット　君はやさしかった
髪をなびかせ　微笑んでいた
月の光浴びて…
だから　ぼくは信じた　愚かにも
君とぼくは　愛し合ってると…
何も　疑わずに　すべてを信じた

ファネットはぼくを　愛してなかった
浜辺はぼくを　だましていた
星はかくれ　波はくだけ
消えてしまった　ぼくのシャンソン

ファネット　君はあいつと
泳いでいた
まるで恋人どうしのように…
ファネット　あいつはぼくの
涙を笑った

舟乗りよ話して
Háblame del mar marinero

(作詩・作曲：Manuel Alejandro & Ana Magdalena)

楽しそうに君とふざけながら…
だから　ぼくはのろった
溺れるがいい
溺れてしまえ　波に呑まれて…
あの日　ふたりはそれっきり
帰らなかった

ファネットは彼を　愛していた
人かげもない　夜の浜辺
星が泣く時　波が止む時
聞こえる声は…
あれは…あれはファネット…

★ジャック・ブレルの1963年の作品。訳詩の創唱は堀内環。

舟乗りよ話して　かくしたりせずに
お前は何を見て　何を聞いたのか
青く広い海　波に揺れる舟
近づくあらし
旅路の終わりは　どんな島なのか

舟乗りよ話そう
この私の行く手にも
恋という名の荒海が
白い牙をむいていた

舟乗りよ話そう
恋におぼれた私は
嫉妬に狂い暴風に
沈んでゆく難破船

お前はどこへ行き　何を探すのか
港のともしび　遥かなまぼろし
不思議な人魚
求める宝は　きらめく珊瑚か

舟乗りよ話そう
この私もあのころは
恋という名の蜃気楼を
とらえようと追いかけた

舟乗りよ話そう
夢をなくした私は
涙の海の奥深く
鳴りをひそめる貝殻

舟乗りよ話して　あの海のことを

★スペインの女性歌手マリソルが1976年に放ったヒット。1978年に訳詩、トリオ・ロス・チカノスが録音。

プラットホームの女（エーゲ海の真珠）
Penélope

（作詩・作曲：Joan Manuel Serrat）

女が　プラットホームの
椅子にすわってる
晴れ着を身につけて
女は　耳をすましながら
待ちに待ちつづける　一番列車を

うわさによれば　春の夕暮れ
旅の男が去って行った
いとしい人よ　泣かずに待って
雪が　降り出すころまでに
帰るよ　ここへ　きっと

哀れな　その女はひとり
駅へ通いつめた　男を信じて…
いつしか　庭の花もしおれ
月日は流れ去り　年は過ぎた

女の瞳は輝く　列車の汽笛が
聞こえてくるから…
女は　顔をのぞきこんで
次々に見つめる　降りて来る人を…

うわさによれば　ある寒い朝
旅の男が帰って来て
女を見つけて　声をかけた
君の　夢みた恋人は
ごらん　ここにいるよ

けれども　年老いた彼女は
悲しく微笑んだ「人違いですわ」

今でも　見かけることがある
ホームの片すみに　ひとつの影を…

今でも　待ってる
ホームに　すわって…

★スペインのジョアン・マヌエル・セラートによる1970年ころのヒット。日本では原曲と関係のない「エーゲ海の真珠」の題で知られている。1978年に訳詩、トリオ・ロス・チカノスとペピータが録音。

ブラボー
Bravo

(作詩：M.Jouveaux)
(作曲：M.Hillman, P.Roffe)

いつの間にか　年をとって
髪は白く　しわも増えたわ
歌いなれた　このホールも
年とともに　さびれてゆくわ
どこへ行ったの　仲間たちは
残ったのは　私だけなのね

ブラボー
ひと声でもかまわないわ
ただブラボーと
ブラボー
心こめて力強く言ってほしいの
ブラボー
それが愛の言葉なのよこの私には
ブラボー
それを聞いて去ってゆくわ
この舞台から

思い出すわ　あのころには
割れるような　拍手に酔って
男たちに　かこまれながら
甘い恋を　うたっていたわ
どこへ行ったの　消えた夢は
残ったのは　涙だけなのね

ブラボー
ひと声でもかまわないわ
ただブラボーと
ブラボー
心こめて力強く言ってほしいの
ブラボー
それが愛の言葉なのよこの私には
ブラボー
それを聞いて去ってゆくわ
このホールから

久しぶりの　舞台だから
とっておいた　派手なドレスで
若いころと　同じような
メイクをして　きれいになるわ
昔どおり　変わらないでしょ
でもあそこで　泣いているのは誰？

ブラボー
ひと声でもかまわないわ
ただブラボーと
ブラボー
心こめて力強く言ってほしいの
ブラボー
それが愛の言葉なのよこの私には
ブラボー
それを聞いて去ってゆくわ
人生からも

★ダリダが 1983 年に録音。2006 年に訳詩。

ブルー・タンゴ
Blue tango

（作詩・作曲：Leroy Anderson）

青い空　白い雲
輝く太陽　ゆれるかげろう
よみがえる　まぼろしは
若かりし日のふたりの恋
君は今　どこにいる
もしも心に思い出が
浮かんだ時には
君を待つ　この胸に
帰っておいで
いつでもいいから

青い海　白い舟
たそがれの浜辺　しずむ夕日
よみがえる　まぼろしは
愛した人のうしろ姿
君は今　どこにいる
もしも涙がとめどなく
あふれる時には
君を待つ　この胸に
帰っておいで
いつでもいいから

★1952年に作られたアメリカのタンゴ。
1978年に訳詩、フランク永井が録音。

ブルジョワの嘆き
Les bourgeois

（作詩：Jacques Brel）
（作曲：Jean Corti）

連れだって　飲みに行く　街角の居酒屋
親友ジョジョ　悪友ピエール
みんな若かった
ジョジョは学者気どり
ピエールはスター気どり
ぼく？　ぼくはぼくさと　自分を気どった
夜がふけて　ホテルから
ブルジョワが出て来ると
声を合わせ　はやしたてた　こんなふうに
　（くりかえし）
　　オイ　ブルジョワ
　　年とれば　年ごとに　ぼけてゆくぞ
　　オイ　ブルジョワ
　　年とれば　年ごとに　豚になる

腰をすえ　飲みあかす　行きつけの居酒屋
親友ジョジョ　悪友ピエール
みんな酔っぱらった
ジョジョは踊り出し
ピエールはうたい出す
ぼく？　ぼくはぼくなりに　楽しんでいた
夜がふけて　ホテルから
ブルジョワが出て来ると
声を合わせ　はやしたてた　こんなふうに

　（くりかえし）

フレネシ
Frenesi

(作詩・作曲：Alberto Domínguez)

飲みながら　話しこむ
ホテルの中のバー
白髪のジョジョ　入れ歯のピエール
みんな年とった
ジョジョはグチをこぼし
ピエールは昔ばなし
わし？　わしゃもちろん　自慢話じゃよ
夜がふけて　ホテルから
連れだって出て行くと
居酒屋の　若い奴ら　こうぬかしおった

　　（くりかえし）

★ジャック・ブレルが1961年に録音した。
　1997年に訳詩、堀内環が創唱。

夜は更けて　若いふたりの心には
愛の火が　明るく燃える
何もかも　忘れてただ恋に酔い
くちづけが　ふたりを結ぶ時

あなたひとりのために
生きて愛して悩む
こんな私の心　破らないでね

夢を見ている瞳
恋を語るくちびる
愛にときめく胸も　流す涙も
あなたに捧げた　私のすべて
今宵はあなたも　私のものよ

★1932年に発表されたメキシコの曲。1962年に訳詩、同年宝とも子が録音。

兵舎にて
In den Kasernen

（作詩・作曲：Gerard & Koch）

兵士は待ちます　戦さにそなえて
演習をしています　いつの日も兵舎で

兵士は愛します　美しい娘を
それぞれに夢みます　ふるさとの彼女を

兵士は行きます　鉄砲をかついで
戦場へ向かいます　命令のとおりに

兵士は撃ちます　見も知らぬ誰かを
その銃で殺します　敵陣の兵士を

兵士は死にます　傷つき倒れて
十字架が並びます　戦いのあとには

兵士は建てます　新しい兵舎を
演習をしています　新しい兵士が

★マレーネ・デートリッヒが歌ったドイツの歌。
1981年に訳詩、同年島本弘子が録音。

平野の国
Le plat pays

（作詩・作曲：Jacques Brel）

北の海の　荒れる波を
防ぐための　砂の丘と
石と岩の　やせた大地
あちらこちら　沼もあって
霧がいつも　立ちこめている
東の風が　吹く季節の
私のふるさと

山に建った　教会から
聞こえて来る　祭りの鐘
遠い道を　物ともせず
旅して来る　人もあって
雨が降れば　たいへんだと
西の風が　雲を吹きはらう
私のふるさと

低い空が　川に迫る
低い空が　水にとける
灰色をした　暗い空を
淋し過ぎる　暗い空を
引き裂くように　北風が吹く
叫びながら　北風が吹く
私のふるさと

ヘルナンドス・ハイダウェイ
Hernando's hideaway

(作詩・作曲：Richard Adler & Jerry Ross)

時は過ぎる　川は流れる
娘は髪を　赤く染めて
冬を見送り　春を迎える
やがて夏には　育った麦を
ゆすりながら　笑いながら
南の風が　うたって行く
私のふるさと

★ジャック・ブレルが 1962 年に発表。
訳詩は 1997 年、創唱は堀内環。

誰にも知られず　人目をしのんで
手に手をとり合い　行こう
ヘルナンドス・ハイダウェイ
月夜の裏町　小さな店だが
恋には天国　それは
ヘルナンドス・ハイダウェイ

流れる調べに　踊る心
ともしびゆらいで　燃える思い
タバコの香りに　夢見ながら
グラスを合わせて　飲もうよ
愛しているなら　すべてを忘れて
今すぐふたりで　行こう
ヘルナンドス・ハイダウェイ

★1954 年に上演されたアメリカのミュージカル
「パジャマ・ゲーム」の中の曲。1978 年に訳詩、
フランク永井が録音。

ペルフィディア
Perfidia

（作詩・作曲：Alberto Dominguez）

誰も わかってくれない
深く傷ついた心を
ひとり すすり泣く私を
人は 眺めるだけ

ムヘール 一度でもあなたを
裏切るようなことが
あったでしょうか
けれど 浮気なあなたは
何度この私を 泣かせたことか

あなたの行方をいくら
探してみても
あなたの心は
二度とは 取り戻せない
きっとあなたは誰かと
暮らすつもりなのね
どこか遠くで

★1939年に作られたメキシコのボレロ。
1967年に訳詩。

忘却の小舟
La nave del olvido

（作詩・作曲：Dino Ramos）

いつか
別れという名の港へ
忘却という名の小舟が
あなたと私を運ぶだろう

いつか
ひとりで迎える春には
降りしきる涙のあらしに
咲く花もむなしく散るだろう

（くりかえし）
　愛したい　いつまでも
　幸せを　抱きしめて
　愛させて　もう一度
　死ぬほどの　恋を

いつか
希望にあふれた昨日が
思い出にあふれるあしたを
あなたと私に残すだろう

いつか
落ち葉が焼かれる秋には
傷ついたふたりの心は
過ぎてゆくいのちを知るだろう

（くりかえし）

★アルゼンチンのディノ・ラモスによる
1970年の作品。同年メキシコの歌手ホセ・
ホセの歌でヒットした。70年代に訳詩。

ポルトガルの洗濯女
Les lavandières du Portugal

(作詩：Roger Lucchesi)
(作曲：André Popp)

ごらんよあの村の洗濯女を
ここはポルトガルの　セツバルの河岸
夜明けの光が　村中を照らす時
かわいいあの娘は　洗濯に出かける
仕事はつらいが　歌声に合わせて
疲れた時には　マンザニラを飲んで
エ・タップ　エ・タップ
エ・タップと打てば
エ・タップ　エ・タップ　心もはずむ

洗濯女にも　恋の花は咲く
槌打つ手を休め　楽しいおしゃべり
あの娘を見そめた　村中の若者は
川辺に集まり　洗濯を眺める
歌声に合わせて
疲れた時には　マンザニラを飲んで
朝から晩まで　働いたあとには
恋するふたりを　お月様見てる
エ・タップ　エ・タップ
エ・タップと打つよ
エ・タップ　エ・タップ　ふたりの心
今宵は楽し　今宵は楽し

★ジャクリーヌ・フランソワが1955年に歌ってヒットし、翌年ＡＤＦディスク大賞を受賞した。1960年に訳詩。

マシュ・ケ・ナダ
Mas que nada

(作詩・作曲：Jorge Ben)

オー　アリア　アイオ　オパオパオパ
オー　アリア　アイオ　オパオパオパ

マシュ　ケ　ナダ
うれしいときにはいつでも
このサンバを踊るのよ
夢見るために
ときめく心のリズムは
激しく高まるサンバのリズム

マシュ　ケ　ナダ
愛しているのよあなたを
泣きたいほど愛しているの

オー　アリア　アイオ　オパオパオパ

マシュ　ケ　ナダ
悲しいときにはいつでも
このサンバを歌うのよ
忘れるために
あふれる涙の調べは
せつなく震えるサンバの調べ

マシュ　ケ　ナダ
思い出すのよあなたを
もう会えないあなたのことを

オー　アリア　アイオ
アリア　アイオ
アリア　アイオ

★ブラジルのジョルジ・ベンが1963年に作ったサンバ。66年にセルジオ・メンデスの演奏でヒットした。そのころに訳詩したが69年に改作。由紀さおりが2011年に録音し、全米ヒット・チャートを賑わした。

ボンボン
Les bonbons

(作詩・作曲:Jacques Brel)

ボンボンをあげましょう
とても甘いボンボンを
花もいいけれど しおれてしまいます
ボンボンはしおれません
ボンボンをあげましょう

散歩しませんか お母さまには内緒
大丈夫ですよ 家まで送るから
公園へ行きましょう
ボンボンをなめながら

道ゆく人たちが こっち見て笑っても
気にしちゃいけません
世間ってそんなもの
やきもちやくんです
ボンボンがほしいから

おや、あれはお姉さん
君にくらべると
髪の毛も赤いし かなり落ちますね
君はずっときれい
ボンボンが似合います

野外ステージの
モーツァルトを聞いてると
男がやって来て 君を連れてった
ぼくはフラれました
ボンボンをあげたのに

ボンジュールお姉さん
ボンボンをあげましょう
とても甘いボンボンを
花もいいけれど しおれてしまいます
ボンボンはしおれません
ボンボンをあげましょう

言っちゃ悪いけど あなたの妹さん
髪も赤くないし かなり落ちますね
あなたのほうがきれい
ボンボンが似合います

散歩しませんか 妹さんには内緒
どこでもいいけれど 公園だけはダメ
ほかへ行きましょう
ボンボンをなめながら…

★ジャック・ブレルが1964年に発表したユーモラスな歌。1997年に訳詩、創唱は堀内環。

街角の瞳（私はひとり片隅で）
Et moi dans mon coin

（作詩・作曲：Charles Aznavour）

【男性用】
彼　彼はそっと　君を見る
君　君はじっと　すわってる
彼　彼は目で　君をなぜ
君　君はただ　だまってる
ぼくは　ひとり　声もなく
すべてを　見守って
ぼくは　悟る
恋が死ぬ　時が来たのを

彼　彼の目は　燃えている
君　君は彼に　微笑む
彼　彼は君を　ねらってる
君　君はぼくが　邪魔なんだ
ぼくは　ひとり　声もなく
君のそぶりを見て
ぼくは　隠す　苦しみを
心の奥に

彼　彼は君を　見つめてる
君　君は何か　しゃべってる
彼　彼はぼくを　さしおいて
君　君の手を　とりにゆく
ぼくは　ひとり　声もなく
涙をおさえて
ぼくは告げる　さよならを
去ってゆく恋に

　（語り）
　いや　なんでもないんだ
　多分ちょっと
　ちょっと疲れただけさ
　でも　今夜は　とても…楽しかったよ

【女性用】
今　あそこに　すわってる
あの　娘(こ)ばかり　気にして
もう　あなたの　瞳に
この　私も　うつらない
何も　言わず　きっきから
すべてを　見てたわ
そして　知るの　あなたとの
恋のおわりを

今　あなたに　気づいて
あの娘は　そっと　微笑む
もう　あなたは　邪魔なの
この　私が　居たなら
何も　言わず　我慢して
見ないふりしたの
そして　隠すの　苦しみを
心の奥に

今　あなたは　笑って
あの　娘に声を　かけてる
もう　あなたは　他人ね
この　私に　とっては
何も　言わず　ただひとり
涙を　飲んだの
そして　告げるの　さよならを
去ってゆく恋に

　（語り）
　いいえ　なんでもないの
　多分ちょっと疲れただけ
　気にしないで
　すばらしかったわ　今夜は　とても

★シャルル・アズナヴールの 1966 年の作品。男性用歌詩は出版社の依頼で書いた。女性用歌詩は岸洋子が録音。

街
La rue

（作詩：Charles Fallot）
（作曲：Yvan Gosselin）

（くりかえし）
　街を　街を　たそがれの街を
　今日も　ただひとり　私は歩く

暗闇に　またひとつ　黒い影が消えて
悲しみと　苦しみが　通り過ぎて行くよ
狂おしい　まぼろしが　恋を踊る街よ
お前には　分かるのね　私の苦しみが…

'くりかえし）

淋しさに　泣いていた　寒い雨の夜も
幸せに　歌ってた　晴れた春の朝も
人はみな　愛し合う　どこかの街角で
それなのに　なぜ来ない　私の恋人よ

（くりかえし）

寄せ返す　人波は　果てしもなくつづく
叫んでも　祈っても　それがなんになるの
裏切られ　傷ついて　死にゆくこの胸の
慰めは　ただひとつ　私の街角よ

（くりかえし）

★ 1936年にダミアが録音。1962年に訳詩し、小海智子がNHKテレビ「夜のしらべ」で歌った。初録音も彼女。

街の静けさの中で
Dans le silence de la ville

（作詩：Luis Aragon）
（作曲：Jean Ferrat）

ラララ

涙と汗の
貧しい暮らしを
静かなたそがれが
いやしてくれます
洗濯物を干した
庭の片隅に
つまびくギターの
調べが流れて

ラララ

月かげ淡く
おぼろな夜には
胸のときめきが
聞こえて来ます
小さな幸せを
こわさないように
じっとしてましょう
静けさの中で

ラララ

★ルイ・アラゴンの詩集「エルザの狂人」の一節にジャン・フェラが曲をつけ、1975年に録音した。訳詩の創唱と録音は奥田真祐美。

マドレセルバ（つたかずら）
Madreselva

（作詩：Luis César Amadori）
（作曲：Frncisco Canaro）

古びた土かべ　まつわるつたかずら
幼い年月　遊んだ町はずれ
初めての恋に酔い　初めての夢を見て
私はうたった　葉かげに身を寄せながら

つたかずらよ　お前もまた
この心が　わかるならば
そっと髪を　なでてほしい
彼がいつも　したように

つたかずらよ　お前はまた
春が来れば　花を開く
けれど二度と　戻らないわ
この私の　初恋は…

今はすべて　過ぎたあとに
古い壁が　残るだけ…

愛して傷つき　信じて裏切られ
私は学んだ　この世のいつわりを
知り過ぎた苦しみと　泣き過ぎた悲しみを
私はうたうの　葉かげに身を寄せながら

つたかずらよ　お前もまた
この心が　わかるならば
そっと涙　ふいてほしい
彼がいつも　したように

つたかずらよ　お前はまた
春が来れば　花を開く
けれど二度と　戻らないわ
この私の　青春は…

★ 1930年に作られたアルゼンチン・タンゴ。訳詩の創唱は前田はるみ（1983年）。

真夜中の千鳥足
La joyeux fetard

（作詩：Serge Lama）
（作曲：Alice Dona）

俺さまのお帰りだ
古ぼけたマンション
女房も古ぼけて
ローンだけが残る

エレベーターは故障
高すぎる階段
からだが重すぎて
一階ごとに休む

ようやくドアの前
小さすぎる鍵穴
鍵が大きくなっちまって
なかなか入らない

ガチャガチャやっていると
突然家の戸が
ひとりでにあいて
いきなり平手打ち

だから言わないことじゃない
真夜中の千鳥足
何よりも危険なのは
わが家に着いたとき

★セルジュ・ラマが1978年に録音した。訳詩の創唱と録音は井関真人（1984年）。

マラソン
Le marathon

（作詩：Franc Thomas & Jean Michel Rivat）
（作曲：Hubert Giraud）

（ファンファーレと選手宣誓）
　ひとつ　サラリーマンは会社に
　忠節を尽くすをを本分とすべし
　（云々…アドリブ）

さあ走って行こう　家から会社へマラソン
サイフはカラッポ　電車はストライキ
みんなそれをよいことに　多分朝寝の最中
けれどこの俺は　真のサラリーマン
職場へ一番最初に着けば
課長も部長も　見直してくれる

（くりかえし）
　今日にそなえで　毎日ジョギング
　日ごろきたえた　丈夫な足腰
　仕事はともかく　マラソンにかけちゃ
　自信はマンマン　会社のチャンピオン

到着したなら　もう俺は有名人
ＯＬたちも寄って来て　すてきな〇〇さん
…ようやく半分　これからが大変
東京の道路は　田舎よりひどい
（くりかえし）

マリア
Maria

(作訳・作曲：Jean Ferrat)

腹の虫グウグウ　ノドはカラカラ
横目でジロジロ　レストランのアヴェック
大きな野良犬　追いかけて来るよ
ほえつく　かみつく　助けてシッシー
（くりかえし）

（セリフ…アドリブで）
　ようやく会社に着いたぞ
　それにしては少しヘンだな
　守衛さん　どうしたの？
　エッ！　今日は日曜で休み！
　これじゃマラソンじゃなくて
　マルゾンだぁ！
　（ぶっ倒れる）

★ 1971年の作品でマルセル・アモンが歌った。訳詩の創唱は仲代圭吾（1984年）。

マリアはいつも　話してました
自慢の種の　息子がふたり
汗と涙で　育てたのです
強く正しく　育てたのです

やがてその子は　大きくなって
はたちの春が　訪れました
もう人並みに　恋もしました
母を誰より　愛してました

戦争はなぜ　起こるのでしょう
花咲きかおる　この世の中に
息子どうしは　戦いました
銃を手にして　戦いました

マリアはひとり　年老いました
平和の意味を　かみしめながら
守っています　ふたつの墓を
静かに眠る　息子の墓を

★ジャン・フェラの1966年の作品。1976年、来日したイザベル・オーブレのために訳詩し、彼女が録音。

マリア・エレナ
Maria Elena

（作詩・作曲：Lorenzo Barcelata）

君よ聞きたまえ　うるわしの歌
祈りをこめて　捧げる調べ
いとしき人に　幸あれかしと

君はいのち　わが恋人
愛のすべて　燃える太陽
君は輝く　希望の星
そよ吹く風か　青空か

君はいのち　わが恋人
身も心も　君のもの
愛する人は　ただひとり
君こそ　まことの　恋人

★ 1932年に作られたメキシコの歌。1990年、コンサートのために訳詩。

見知らぬ街
La ville inconnue

（作詩：Michel Vaucaire）
（作曲：Charles Dumont）

見知らぬ街　むなしく
道はつづく　はるかに
あてどもなく　私は
愛が消えた　通りをゆく
ただうつろな　町の声が
望み失せた　胸にひびく
見知らぬ街　さまよう
犬のような　この私よ
人の群れが　いそぎ足で
逃げるように　通りすぎる
見知らぬ街　さみしく
夜は更ける　静かに
ひとり眠る　私は
夢が消える　朝がこわい
昼も夜も　忘れられぬ
失われた　恋の夢よ
見知らぬ街　さまよう
この私の　胸に秘めた
あの面影　あの思い出

★ 1960年にエティット・ピアフが録音した。1963年に訳詩。

見果てぬ夢
The imposible dream

（作詩：Joe Darion）
（作曲：Mitch Leigh）

夢…見果てぬ夢
この胸に秘めて
今日も　道なき道を
ひとり　私は行く

歌…いのちの歌
血のにじむ声を
風よ　運んでほしい
あの星のもとへ

まぼろし　追いかけて
果てしもなく　つづく旅
燃える愛に　みちびかれて
うたい叫び泣いて　道を行けば
やがて遠い空に光さして
私はとわに覚めぬ眠りにつく

その日　その時こそ
長い旅も終わり
きっと　私は生きる
夢…見果てぬ夢の
あの星の世界に

★ 1965年のミュージカル「ラ・マンチャの男」の主題歌。訳詩の創唱は宝とも子（1987年）。

耳にささやけ
Dímelo al oido

（作詩・作曲：Francisco Lomuto）

きっとあなたの　胸の奥には
愛のほのおが　燃えているのね

あなたの気持ちは　わかっているわ
どんなにあなたが　黙っていても

どうしてひとり　悩んでいるの
ほんのひと言で　すべて変わるわ

明日とは言わずに　今すぐ言って
心ときめく　甘い言葉を

　そっと耳に　ささやいて
　ほかの誰にも　聞かれないように
　私だけに　ささやいて
　愛しているよと　ささやいて

★ 1930年頃に作られたアルゼンチン・タンゴ。メルセテス・シモーネの歌で知られた。1960年頃に訳詩。

ミランドのクリスマス
Noël sur les Milandes

(作詩・作曲：Salvatore Adamo)

雪が降りしきる
ダイヤモンドのように
キラリ　キラリ
真夜中のミランドは
クリスマスの雪化粧

おめでとう　子供たち
メリー・クリスマス
じっと　じっと
マドンナがのぞきこむ
安らかな寝顔

けれど　朝になったら
泣いてる　泣いてる
瞳から涙が
こぼれる　こぼれる

世間のあらしは
みなしごに冷たい
そっと　そっと
嘆きの祈りが
夜空へのぼる

耳をすましてごらん
聞こえて来るのは
ほらね　ほらね
天使たちがうたってる
やさしい子守唄

けれど　朝になったら
泣いてる　泣いてる
瞳から涙が
こぼれる　こぼれる

ムムムムムム…

★ジョセフィン・ベーカーか世界各国から孤児を集めて引き取って住んだミランドを舞台にして、アダモが1970年に作った。訳詩の初録音は下田まゆみ（2006年）。

ミロール
Milord

(作詩:Georges Moustaki)
(作曲:Marguerite Monnot)

(くりかえし)
　おいでよミロール　私の部屋へ
　夜風が身に　しみる時は
　いつでもミロール　私の胸で
　忘れなさい　悩みごとを
　あんたはミロール　どうせ私は
　港の夜の　影の女

私は見たわ　昨日あんたは
すてきな人と　腕を組んで
私なんか　目にもとめず
楽しそうに　通り過ぎた
そんなあんたを　じっと私は
胸うずかせて　見つめていた

(くりかえし)

分かっているわ　いつかあんたは
遠い海へ　行ってしまう
愛に燃える　その瞳も…
(語り)
　私には信じられない
　昨日のあの人が
　あんたの心を破ったなんて
　恋って苦しいものね
　でも　まだたくさんの恋があるわ
　ホラ
(歌)あんたの前に…

あんたはミロール　嘆かないで
私の胸に　顔をうずめ
聞いてよミロール　あんたのために
うたってあげる　恋の歌を…
あんたはミロール　聞いてよミロール
なのにあんたは　泣いているの?
(以下アドリブ)

★エディット・ピアフが1959年に録音。1961年に島崎雪子のために訳詩。

無関心
L'indifference

(作詩：Maurice Vidalin)
(作曲：Gilbert Bécaud)

ひどい仕打ち　卑劣なマネを　我慢しても
許せない　どうしても許せないのは
見て見ぬふりをする　無関心

道端に　倒れてる　人がいても
誰ひとり　助けもせずに通り過ぎる
恐るべき世間の　無関心

無関心は　少しずつむしばんでゆく
人の心や魂を　胸の震えやときめきを
無関心は　いつしか夫婦の仲を裂き
親子の絆(きずな)を断ち切って
他人どうしにしてしまう

幸せに　愛し合う　さなかにも
ねらってる　私たちをねらってるのは
狼のような　無関心

無関心は　少しずつむしばんでゆく
人の心や魂を　胸の震えやときめきを
無関心に　犯されてしまった人間は
悪を憎むことも忘れ
裏切られても平気になる

無関心が　世界中を支配して
みな泥まみれになる前に
十字架にかけるんだ　無関心を

★ジルベール・ベコーが1977年に発表。訳詩の創唱と録音は堀内環（2003年）。

ムーチョ・ムーチョ・ムーチョ
Mucho mucho mucho

(作詩：Harold Spina)
(作曲：De Llanos)

愛しているのよ
ムーチョ・ムーチョ・ムーチョ・ムーチョ
昼も夜も　あなただけを

死ぬほど好きなの
タント・タント・タント・タント
身も心も　あなたのもの

このあたしのまごころを
信じていてね
なんにも　言わずに
抱きしめて

★ペレス・プラード楽団のマンボ・アレンジでヒットしたラテン・ナンバー。1967年に訳詩、同年前田はるみが録音。

メア・キュルパ
Mea culpa

(作詩：Michel Rivgauche)
(作曲：Hubert Giraud)

会っただけで 我を忘れ
愛したことが 罪なの？
いのちさえも 捧げたいと
思ったことが 罪なの？

目もくらむほど
輝いていたあなた
燃えるようなくちづけに
酔った私

かたく胸に 抱きしめられて
夢みたことが 罪なの？

それを罪というなら
罰を受けてもいい
愛を知らぬ人の
情けはいらない

ただひたすらに 昼も夜も
愛したことが 罪なの？
ふたりだけの 世界がほしいと
思ったことが 罪なの？

気も狂うほど
愛してくれたあなた
神様よりあなたを
信じた私

そうよ あなた 私の罪は
みんなあなたの せいなの
けれどあなたのためなら
何度でも罪をおかすわ
メア・キュルパ メア・キュルパ

★ 1954年のコンクールで、リーヌ・アンドレスが歌って優勝。同年エディット・ピアフが録音した。
1983年に訳詩し、島本弘子が録音。

めぐり逢うために
Pour en arriver là

（訳詩：M.Jouveaux）
（作曲：J.Barnel）

昼も夜も　歩きつづけ　会いにゆくわ
風に吹かれ　雨にぬれて　会いにゆくわ
静か過ぎて　怖い時は
あなたの名を　となえながら
会いにゆくわ　会いにゆくわ

涙さえも　かれるでしょう　会えなければ
道に倒れ　死んでゆくわ　会えなければ
愛されない　人生など
いつ捨てても　惜しくないわ
会えなければ　会えなければ

（くりかえし）
　会いたいのよ　あしたからは
　もう自分を　いつわらずに
　生きてゆくわ
　この心の　高鳴るままに
　会いたいのよ　あなたとなら
　どうなろうと　悔やまないわ
　会いたくって　たまらないの

うしろ指を　さされながら　会いに来たの
人知れずに　しのび泣いて　会いに来たの
世界中を　まわったとて
あなたのほか　何も見えず
会いに来たの　会いに来たの

（くりかえし）

会いたいのよ　昨日までの
思い出など　みんな忘れ
作り出すわ　ふたりだけの
愛の歴史を
会いたいのよ　あなたとなら
どうなろうと　悔やまないわ
会いたくって　たまらないの

★ 1983年にダリダが録音した。1994年に訳詩、石井慶子が98年に録音。

もうお別れね
Te he visto pasar

(作詞・作曲：Ernesto Lecuona)

あなたとも　もうお別れね
つらくても　泣きはしない
街かどで　私は見たの
ふたりづれで　行くあなた

あなたにも　おわかりでしょう
愛してる　この気持ちは
好きだから　許せないのよ
命をかけた　愛の誓いを　破るなんて

あなたとも　もうお別れね
ひとりでも　生きてゆける
街かどで　私は言うの
涙ごえの　さよならを

あなたにも　おわかりでしょう
愛してる　この気持ちは
好きだから　別れたいのよ
ひとりぼっちが
たとえ死ぬほど　苦しくても

★レクオーナ作のキューバのボレロ。1968年に訳詩、ロス・インディオスが録音。

燃えるカリフォルニア
La Californie

(作詞：Etienne Roda Gil)
(作曲：Julien Clerc)

ラ・カリフォルニ　ラ・カリフォルニ
ラ・カリフォルニ　ラ・カリフォルニ
ラ・カリフォルニ　燃える大地
金色の陽を浴びて
ラ・カリフォルニ　それはフロンティ
大陸と海の境

潮風が呼んでいる　青春の血が騒ぐ
ラ・カリフォルニ　それはフロンティ
現実と夢の境

オレンジの花のかげ　君を待つ
人はだれ
閉じてごらん　君の目を
すぐそこに　見えるだろ
燃えている　ラ・カリフォルニ
ラ・カリフォルニ

★ジュリアン・クレールの1973年のヒット。出版社の依頼で1974年に訳詩、岸洋子が録音。

もし
Si

(作詩・作曲：José Luis Perales)

もし　その場きりの恋なら
泣いてしまえばすむのに
深く愛しているから
つらい思いをするのね

もし　風になれるものなら
飛んでゆきたい気持ちで
ひとり書いては消すのよ
口に出せない言葉を

(くりかえし)
　　好きよ　私は好きなの
　　私だけのあなた
　　好きよ　あなたが好きなの
　　あなただけの私

もし　命がけの恋なら
灰になるまで燃えるわ
愛をたしかめるために
明日という日があるのね

もし　かなえられることなら
時の流れをとどめて
となえつづけていたいの
祈りにも似た言葉を

(くりかえし)
　　好きよ

★スペインのホセ・ルイス・ペラレスが 1976 年に放ったヒット。1978 年訳詩、同年前田はるみが録音。

モナムール
Mon amour

(作詩・作曲：Carlo Marrale)

雨はどうやら　あがりそうね
風が止んでも　寒いけれど
暖めてくれるわ　愛の歌が

夜を消しましょう　明かりつけて
今そちらでは　何時かしら
あなたは遠い国で　暮らしてるのね

雨が降り風が吹くこんな夜は
枯葉のように散ってゆく思い出

(くりかえし)
聞こえるわ　あの歌
目に浮かぶ　微笑んでいるあなた

モナムール　これが人生
風とともに　去ってゆく

モナムール　これが恋なの
雨の中に　消えてゆく
ラ・ラ・ラ・ラ…
風とともに　去ってゆく
ラ・ラ・ラ・ラ…

★イタリアのグループ、マティア・バザールのカルロ・マッラーレが 1993 年に作ったカンツォーネ。同年ミルバが録音した。1995 年に訳詩してさわち美欧が創唱。初録音は伊藤ナオミ（2003 年）。

ユーカリ
Youkali

（作詩：Roger Fernay）
（作曲：Kurt Weill）

はるか彼方の　波間に浮かぶ
この世の果ての　ひとつの島
そこに住むのは　愛の妖精
招いているわ　私たちを

（くりかえし）
　ユーカリ　しあわせの島よ
　ユーカリ　よろこびの国よ
　ユーカリ　つらい悩みの捨てどころ
　やるせない悲しみをいやす場所
　それがユーカリ

　ユーカリ　交わした愛の約束
　ユーカリ　分かち合う恋の夢
　人は誰も　希望を抱きしめて
　待っているわ　おとずれる明日の日を
　ユーカリ　しあわせの島よ
　ユーカリ　よろこびの国よ
　でもそれは　まぼろし
　どこにもない　ユーカリ
　でもそれは　まぼろし
　どこにもない　ユーカリ

人生という　重い荷物を
ひきずりながら　人は生きる
いつかこの世を　去りゆく時に
たどりつくでしょう　あのユーカリへ

（くりかえし）

★ 1935年頃にクルト・ワイルが作ったハバネラ調の歌。
1996年に訳詩、さわち美欧が創唱。

友情は太陽
Tous les soleils de l'amitié

（作詩・作曲：C.Assou, E.Macias, J.Demarny）

（くりかえし）
　うたってください
　私といっしょに
　悲しい時にも　楽しいふりして
　苦労もあるけど　すてきな人生
　友情は太陽　世界は友だち

ある人は言っています
未来はないと
でも私は信じます　人間を
いつかこの世の終わる
日が来るでしょう
でも捨ててはいけません　のぞみを

（くりかえし）

誰でも夢に見ます　自由や愛を
わずかでもほしいのです　幸せが
手と手をつなぎ合わせ
生きてゆきましょう
新たな地球を作る　そのために

（くりかえし）

★エンリコ・マシアスが1982年に録音した。
1983年に訳詩して栗原道子が創唱。初録音は
合掌一朗（1996年）

夕映えの二人
Was ich dir sagen will

（作詩：Joahin Tuchsberger）
（作曲：Udo Jurgens）

愛し合っているのに
なぜに心せつない
赤く燃える夕陽が
丘に沈むたそがれ

恋を知った瞳に
なぜか涙あふれる
ただ黙ってふたりは
あかね雲を見ている

私たちの恋は
いのちをかけた恋だもの
たとえ死んでもあの空の
夕映えの彼方で会うの

離さないで私を
どんなことがあろうと
さようならを言うには
愛し過ぎているのよ

★ 1967年にウド・ユルゲンスがうたって成功を収めたドイツの歌。当時出版社の依頼で訳詩。この曲はのちになかにし礼が訳詩したものが「別れの朝」の題でヒットしている。

誘惑
To Psomi ine sto Trapezi

（作詩：Yanis Marcopaulos）
（作曲：Mikis Theodorakis）

愛されてみたい
死ぬほどの恋を
抱きしめてほしい
その腕の中に
あなたこそ　あなたこそ
あこがれのすべて
人知れず　人知れず
この胸がいたむ

愛されてみたい
死ぬほどの恋を
抱きしめてほしい
その腕の中に
まぼろしと　まぼろしと
あきらめていても
誘惑に　誘惑に
おぼれゆく心

★ 1967年のギリシャ映画「誘惑」の主題歌。同年訳詩、宝とも子が録音。

ユダ（ジュダ）
Judas（Come Giuda）

（仏語歌詩：Fernand Bonifay）
（作曲：G.Fanciulli）

私をだましたあなたを
　　許しても　いいけれど
恋に傷ついた心は
　　二度ともとへ　戻らないわ
ユダ　あなたはユダ
裏切りながら　私とともに
　　暮らしていたのね
キッス　ユダのキッス
そのくちづけに　あなたは毒を
　　かくしていたのね
その腕に　私を抱いて
　　あなたがささやく　やさしい言葉も
すべては　うそだわ
　　うそだわ　信じられない
ユダ　あなたはユダ
私の胸を　せつない恋に
　　燃やした悪魔よ
ユダ　こんなにあなたが
　　憎いけれども
捨てられたら　死んでしまうわ
ユダ　ユダ　ユダ

★原曲は1953年に作られた「ユダのように」というカンツォーネ。同年フランス語歌詩がついてリュシエンヌ・ドリールが録音。メキシコでもマリア・ピクトリアがスペイン語で歌って成功を収めた。1965年に訳詩して、前田はるみが創唱。

夢のタンゴ
Tango du rêve

（作詩：Jean Carvard）
（作曲：Eduard Van Marderen）

晴れた日の　夜に見る
　　懐かしい夢は
虹の色の　やさしい口づけ
手をにぎり　肩を抱き
　　見つめ合う瞳
あれから芽生えたひそやかな
　　ふたりの恋
窓に照る　日ざしの
　　まぶしさに　目ざめて
部屋の中を　見渡しても
　　何も変わらない　いつもの朝

雨の日の　夜に見る
　　やるせない夢は
闇の色の　別れの口づけ
声もなく　背を向けて
　　おしかくす涙
あの時終わったつかの間の
　　ふたりの恋

屋根を打つ　あらしの
激しさに　目ざめて
　　暗い外を　じっと見ても
何もうつらない　冷たい窓

今もなお　そばには
　　君がいる　気がして
髪をなでる　ふりをしたよ
　　愛し合っていた　ころのように

★1928年頃に作られたフランスのタンゴ。1963年に出版社の依頼で訳詩、1978年に改作してフランク永井が録音。

夢の中に君がいる
Mon mains sur ton hanches

（作詩・作曲：Salvatore Adamo）

私の昔の　思い出の中に
あなたがいなくても　無理を言わないで
あんなに小さなロマンスのあとに
こんなにすばらしい　恋をするなんて
夢を見るなんて

（くりかえし）
　　甘い愛の夢の　幸せの中に
　　私はいつでも　見るのよ　あなたを

私が昔に　知っていた人は
あなたの前では　ほんの影ぼうし
やさしいあなたの　その腕の中で
こんなに震えるの　私のからだが
こんなにときめくの　私の心が

（くりかえし）

★アダモの1965年の作品。翌1966年に訳詩。

ゆりかごの歌
Canción de cuna

（作詩：José Adolfo Diez Gomez）
（作曲：José María Risuty）

死んだ子を　供養する
路地うらの　人かげ
あたたかい　愛のこもる
歌声が　聞こえる
うら若い　母親が
古ぼけた　布ぎれを
両腕に　抱きしめて
うたっている　子守歌

（くりかえし）
　　ねんねんころり　おころりよ
　　坊やのママは　この私
　　パパはどうして　いるのやら
　　坊やを捨てた　悪い人
　　ねんねんころり　おころりよ

気のふれた　母親は
近づいた　私に
ぼろ切れを　見せながら
耳もとで　ささやく
ごらんなさい　赤ちゃんを
かわいらしいでしょう？
そしてまた　うたい出す
やるせない　子守歌

（くりかえし）

★カルロス・ガルデルが歌ったアルゼンチン・タンゴ。1994年に訳詩。

洋服ダンス
El ropero

（作詩・作曲：Gabilando Soler）

（くりかえし）
　　見せてよおばあちゃん
　　タンスの中身を
　　何かおもしろい
　　宝ものがあるの？
　　見せてよおばあちゃん
　　鍵をはずして
　　何もさわらない
　　約束をするから

ピカピカ光る
おじいちゃんのサーベル
ぼくも似合うよ
つけさせてほしいな
海いろの目の　かわいいお人形
どんなことして　ママと遊んだの？

（くりかえし）

おばあちゃんのこの服
とてもきれいだね
これを着てパパと
馬車で散歩したの？
見てもいいでしょ
あの古い絵本を
聞かせてちょうだいな
楽しいお話を

★メキシコの童謡。1993年に訳詩し、94年にカルロス飯田とグルーポ・クリクリが録音。

ヨーコ
Yoko

（作詩：永田文夫）
（作曲：Enrico Macias）

ヨーコ　君の目がうるむのは
どの人の　せいなの？
どうして　君の手は震えるの？
ワイングラス　干す時そんなに

ヨーコ　好きなだけ泣きたまえ今夜は
ヨーコ　思い出がいたいほど
目にしみる夜には
こうして　悲しみが消えるまで
合わせよう　ふたつの心を

ヨーコ　好きなだけ泣きたまえ今夜は
ヨーコ　悲しみが消えるまで
合わせよう　ふたつの心を

★1973年、エンリコ・マシアスが持参した曲に歌詩をつけ、彼が録音。

ヨコハマ・ルンバ
Yokohama

（作詩・作曲：Pecosmiere, Pergy, Alstdadar）

ヨコハマ　ヨコハマ　なつかしの街よ
ヨコハマ　ヨコハマ　よみがえる夢よ
あなたと初めての　口づけを交わした
あの夜　幼い恋に　幸せだった　ふたり

ヨコハマ　ヨコハマ　なつかしの街よ
ヨコハマ　ヨコハマ　よみがえる夢よ
思い出を残して　月日は過ぎて
あのヨコハマ　あのころは　帰って来ない
あなたと　お別れの　サヨナラを交わした
あの夜　はかない恋に　泣いていたふたり

思い出を残して　月日は過ぎて
あのヨコハマ　あのころは　帰って来ない
オー　ヨコハマ

★ 1960年代に訳詩し、坂本スミ子が録音。

夜汽車
C'était un train de nuit

（作詩：Jean Claude Carriere）
（作曲：Gerard Jouannest）

おぼえているわ　力強い手を
私をつかんで　放さなかった
おぼえてる　おぼえてる
身も心も　閉じ込められた
夜行列車の　出来事だった

おぼえているわ　燃えるような目を
暗い中でも　輝いていた
おぼえてる　おぼえてる
じっと私を　見守っていた
見知らぬ男　あなたは誰？

おぼえているわ　しゃがれた声を
私にそっと　話しかけた
おぼえてる　おぼえてる
人と人とが　出会って別れる
夜行列車の　出来事だった

おぼえているわ　不思議な夜を
時間がとまった　あの瞬間
おぼえてる　おぼえてる
朝が来るのも　気にしないで
私を抱いた　あなたは誰？

夜霧のしのび逢い
la plage

（仏語歌詞：Pierre Barouh）
（作曲：Joe van Wetter）

いいじゃないの　誰でもいいのよ
すんでしまった　出来事だから

夜行列車の　出来事だった
忘れたはずの　出来事なのに
おぼえてる　おぼえてる
おぼえてる　おぼえてる
おぼえてる…

★ジュリエット・グレコが1998年に録音。
2001年に訳詩、福原みつ子が創唱。

よろこびが海に　あふれて
夏の陽かがやく　浜辺に
私は夢みる
とこしえの　愛の面影

ひと夏の恋は　はかなく
冷たいあらしに　吹かれて
私はさまよう
たそがれの　海のほとりを

砂は波と　たわむれ
やがて闇に　消えゆく
愛し合った　ふたりの
夢のような　思い出

恋は過ぎ　時は流れて
ふたたび朝日が　のぼれば
遥かな彼方に
よみがえる　愛のまぼろし
懐かしい　恋の浜辺よ

★1964年に作られたベルギーの曲で、作曲者はロス・マヤスというギター・グループのリーダー。1965年のギリシャ映画「夜霧のしのび逢い」の日本公開の折り、クロード・チアリの演奏が主題曲として挿入された。出版社の依頼で訳詩。

夜が泣いている
Cada día más

（訳詩：Julio Iglesias）
（作曲：Manuel de Calva & Ramón Arcusa）

こんなにつらい恋だから
なおさらあきらめきれないの
悩みが深くなるにつれ
思いも深まるものなのね

（くりかえし）
　　恋すれば　日ごとに恋しく
　　愛すれば　夜ごとにせつなく
　　悲しみと　喜びの中に
　　燃えつきてしまうのね　私のいのち
　　燃えつきてしまうのね　私のいのち

泣きたいような夜だから
なおさらひとりになりたいの
あなたのことを夢に見て
聞けない言葉を聞くために

（くりかえし）

★スペインのフリオ・イクレシアスが1977年に放ったヒット。1980年に訳詩、春日沙織里が録音。

夜と霧
Nuit et brouillard

（作詩・作曲：Jean Ferrat）

知ってますか　夜と霧を
人種が違う　だけのことで
虐殺された　多くの人を
あの呪わしい　過去の歴史を
聞こえますか　捕らえられて
二度と陽の目を　見ることもなく
死んでいった　多くの人の
闇を引き裂く　叫び声が

わかりますか　わずかばかり
残る希望を　たよりにして
震えながら　神に祈る
痩せ衰えた　彼らの姿
信じますか　天国なんて
戦争という　悪魔の国で
死んだ彼らが　あとに残した
形見は夜と　霧の影だけ

たとえ運よく　死出の旅から
戻れた人が　あったとしても
生き長らえた　彼は果たして
また幸せに　なれたでしょうか
忘れようと　つとめながら
思い出しては　いつもおびえ
遠くかみなり　鳴る音にさえ
色あおざめる　暮らしなのに

夜のヴァイオリン
Violino tzigano

（作詩：Bixio Cherubini）
（作曲：Cesare Andrea Bixio）

人は言います　もはやすべて
昔ばなしに　なったのだから
詩人は愛を　愛の歌だけ
うたっておれば　良いのだなどと
けれど正しく　伝えなければ
子供たちに　あの出来事を
そこで詩人は　書いたのです
おそろしい歌　夜と霧を

おわかりでしょう　今この歌が
うたわれるべき　わけとは何か
世界中を　支配するかも
知れないのです　夜と霧が

★ナチスによるアウシュヴィッツのユダヤ人虐殺を弾劾して、ジャン・フェラが1963年に作った反戦歌。訳詩の創唱と録音は奥田真祐美。

夜更けのしじまの中から
かすかに聞こえるヴァイオリン
窓辺をただよう調べに
あやしく心はゆれる
情熱もやしてジプシーが
奏でているのだろうか
やさしい音(ね)で　うたっておくれ
甘い恋を夢みていた　ふたりの歌
お前もまた　私みたいに
愛した人思い出して　眠れぬ夜は

夜中の町かど流れて
静かに消えゆくヴァイオリン
悲しくせつない音色が
破れた心にしみる
ふるさとしのんでジプシーが
うたっているのだろうか
ふるえる手で　奏でておくれ
通り過ぎた愛のあとに　残る調べ
お前もまた　私みたいに
遠い過去のなつかしさに　泣きたい夜は
涙のタンゴ　聞かせておくれ
泣きぬれてるひとりぼっちの　私のために

★1934年のイタリア映画「メロドラマ」の主題歌として作られたカンツォーネ。1976年に訳詩して、同年岸洋子が録音。

夜のストレンジャー
Strangers in the night

(作詩:Charles Singleton & Edy Snyder)
(作曲:Bert Kempfert)

ストレンジャーズ・イン・ザ・ナイト
あの夜の　町かどで
何げなくふりむいた　君のひとみ
名も知らぬ　ゆきずりの人なのに
なんとなく気にかかる　その微笑み

ストレンジャーズ・イン・ザ・ナイト
ひとりぼっちの　影ふたつ
初めて君に声をかけ　手をとって
互いに口づけ交わした思い出
その日から　幸せに結ばれて
いつまでも愛し合う　ふたりなのさ

★ 1966年のイギリス映画「ダイヤモンド作戦」の主題歌。同年フランク・シナトラが録音して大ヒットした。訳詩の録音はフランク永井（1978年）

夜のタンゴ
Tango Notturno

(作詩:Hans Fritz Bergmann)
(作曲:Hans Otto Beckmann)

赤くともる　町のネオンが
小雨にぬれて　かすむ夜は
愛しながら　別れた人を
思いつづけて　時が過ぎる
泣いてみても　くやんでみても
とりかえせない　捨てた恋は
夢のような　愛の幸せ
忘れもしない　あの年月

青く光る　からのグラスに
ゆがんだ顔が　うつる夜は
むせびながら　うたうタンゴも
声にならずに　消えてしまう
忘れようと　飲みあかしても
酔えば酔うほど　いたむ心
燃えるような　恋の名残りの
甘い思い出　にがい涙

★ 1937年のドイツ映画「夜のタンゴ」の主題歌で、主演のポーラ・ネグリが歌った。1978年訳詩、フランク永井が録音

夜の通行人に捧ぐ
Hommage a un passant du nuit

（作詩・作曲：Yves Duteil）

ぼくはうたった　ギターを奏でて
夜の町角を　通りゆく人に
昼間は冷たい　人の心にも
夜が愛の灯をともすから
明日のことなど　わかりはしないが
力強くうたいたかった
孤独な貧しい　暮らしをのがれて
かりそめの夢を見るために

ぼくは見つけた　つたない調べに
歩みをとどめる　人の輪の中に
やさしく微笑む　君のまなざしを
はかない幸せのまぼろしを
君の気持ちなど　わかりはしないが
心こめてうたいたかった
できれば時間を　昔に戻して
青春がよみがえるように

ぼくは作った　愛のシャンソンを
まわりの人など　どうでもよかった
君に、君だけに　聞いてほしかった
あのころを思い出しながら
今となっては　どうにもならない
愚痴に過ぎないことだけど
愛していたんだ　口には出さずに
君を失うのがおそろしくて

ラララララ…
ラララララ…
ラララララ…
ラララララ…
今となっては　どうにもならない
愚痴に過ぎないことだけど
のぼりたかった　君の手をとって
天国に通じる階段を

ぼくはうたった　夜の街角を
去ってゆく君の　うしろ姿に
これでいいんだよ　これが人生と
自分の胸に言い聞かせて…
ラララララ…
ラララララ…
ラララララ…
ラララララ…

★イヴ・デュテイユの作品。訳詩の創唱は堀内環。

夜のメロディー
La nuit

（作詩・作曲：Salvatore Adamo）

冷たい夜だわ　月さえ見えない
心の奥まで　凍ってしまうわ
夜が連れて来る　あなたのまぼろし
腕をさしのべて　私は叫ぶの
愛を返して　返して

せつない夜だわ　ひとりがつらくて
聞こえて来るのは　時計の音だけ
夜が消してゆく　昨日の思い出
胸をふるわせて　私は叫ぶの
あなたを返して　返して

★アダモの 1964 年の作品。1980 年に訳詩。

ラ・クカラチャ
La cucaracha

（メキシコ民謡）

砂を巻き上げて
パンチョ・ビジャが行けば
逃げ去るカランシスタ
攻め寄せるビジスタ

サラペはサルティージョ
兵隊はチウァウァ
娘ならハリスコ
恋はどこにでも

（くりかえし）
　クカラチャ　クカラチャ
　もう歩けない
　　何もかも切れたから
　マリファナさえも

★メキシコ革命を歌った民謡。1975 年に出版社の依頼で訳詩。

ラ・ゴロンドリーナ
La golondrina

(作詩：スペイン民謡)
(作曲：Narciso Selader)

つばめよ おまえはどこへ
飛んでゆく つもりなの
吹きすさぶ 風にまよい
降りしきる 雨にぬれて

ここへ来て つばさを休め
愛の巣を 作らないか
同じように 遠いふるさと
夢みてる 私だから

★ 19世紀の半ば過ぎ、スペインの詩にメキシコの作曲家セラデールが節づけた。1975年に出版社の依頼で訳詩。

ラス・チャパネカス
Las chapanecas

(メキシコ民謡)

なでしこを 手に持って
小道をいそげば
そよ風も 吹いてゆく
あの人のそばへ

春の花 捧げよう
思いをこめて
いつまでも 変わらない
愛のしるしに

やがて陽がおち
闇がせまれば
星を仰いで
はじまるダンス

踊れチャパネカ
身もかろやかに
手拍子そろえて

踊れチャパネカ
身もかろやかに
手拍子そろえて
おどり明かそう

★ 1971年、コンサート用に訳詩。
1975年、著書「世界の民謡」に収録。

ラ・セーヌ
La Seine

（作詩：Flavien Monod）
（作曲：Guy Lafarge）

セーヌはうねうね　パリを流れる
岸辺にゆらゆら　花はゆれてる
歌声ララララララ　愛のしらべ
セーヌは夢みる　乙女のように

遠い山を越え　旅をかさねて
流れるセーヌは　疲れも見せず
畑を横切り　町に近づき
あこがれのパリに　甘くささやく

セーヌはくるくる　橋をくぐって
心もうきうき　幸せに酔う
歌声ララララララ　愛のしらべ
セーヌは恋する　娘のように

パリの町はずれ　別れを告げて
流れるセーヌは　歩みも重く
淡い思い出　抱きしめながら
はるかな海へと　旅をつづける

セーヌは流れる　なつかしのパリ
月日はゆくゆく　恋のいのちも
歌声ララララララ　愛のしらべ
セーヌはいつでも　パリの恋人

★ 1948年ドーヴィルのコンクールでルネ・ラミーが歌ってグラン・プリを獲得した。1965年にジャクリーヌ・フランソワのために訳詩。

ラスト・ダンスは私に
Garde-moi la dernier danse

（作詩：Dack Pomus）
（作曲：Mort Shuman）
（仏語歌詩：A.Salvet & F.Llenas）

君を　抱いて踊る
幸せなひとときは
まるで　雲の上を
さまよう夢心地
こんなに　君が好きだ
愛しているよ
踊ろう　ラスト・ダンス

甘い　歌は流れ
心はときめくよ
誰と踊るときも
君のことを忘れない
こんなに君が好きだ愛しているよ
踊ろう　ラスト・ダンス

踊り疲れたら　送ってあげる
星の世界までも　ともに行こう

君が　ほかの人と
踊りたいと言うのなら
それを　とめはしない
待っていよう　いつまでも
こんなに君が好きだ愛しているよ
踊ろう　ラスト・ダンス

こんなに君が好きだ愛しているよ
踊ろう　ラスト・ダンス
愛のラスト・ダンス
踊ろう　ラスト・ダンス

★ 1960年にドリフターズが歌ってヒットしたアメリカの歌。フランスではダリダが歌って成功を収めた。1966年に訳詩、フランク永井が録音。

ラ・バンバ
La bamba

(メキシコ民謡)

バンバ、バンバ、バンバ
バンバ踊るには
バンバ踊るには
上手なだけじゃ踊れない
ほかに何かが　いるんだよ

(くりかえし)
　アリーバ・イ・アリーバ
　アイ・アリーバ・イ・アリーバ・イ・アリーバ・イレ
　君のためなら　なってみせよう
　船乗りに　船長に　大将に

バンバ、バンバ
空へのぼるには
空へのぼるには
ハシゴかけてものぼれない
ほかに何かが　いるんだよ

(くりかえし)

バンバ　バンバ
これこそソン・ハローチョ　本物さ
子供も大人も　男も女も
みんなでうたおうよバンバ
踊ろうよバンバのダンス

(くりかえし)
君はあの時
君はあの時
ほめられて　赤くなったよ
赤くなったよ　その顔が

(くりかえし)
終わりにしよう
終わりにしよう
このへんで　バンバをやめて
やろうじゃないか　ほかのソンを

(くりかえし)

バンバ　バンバ　バンバ　バンバ

★作者不明のメキシコ民謡。2001年コンサート用に訳詩。

ラ・メール
La mer

(作詩・作曲：Charles Trenet)

波
きらめく夏の海に
小雨が降る　降る
たそがれの浜辺よ

夢
ひろがる雲の彼方
白帆がゆく　ゆく
はてしない海原

風
そよいで　草はぬれて
飛ぶ
かもめも家路につく

あの
やさしい波の歌を
私は聞く　聞く
いつまでも心に

★シャルル・トレネの1938年の作品。1965年ジャクリーヌ・フランソワのために訳詩、70年に立川澄登が録音。

リラの花咲く頃
Quand refleuriront les lilas blancs

(作詩：Frantz Doulle)
(作曲：Fritz Rotter)
(仏語歌詩：H.Varna. L.Lelievre & F.Rouvray)

そよ風吹く　みどりの森
ふたりで行く　愛の小径
人はみな楽しそうに　探しに出かける
木かげにそっとひそんでる　新しい春を

リラの花の咲くころ　恋の花も開く
雲は流れ　空も晴れて　春は恋の季節よ
リラの花の咲くころ　あなたを知りそめて
なぜか心　ときめかせた　リラの花の咲くころ

リラの花の咲くころ　恋の花も開く
燃えるひとみ　とわの誓い　春は恋の季節よ
リラの花の咲くころ　あなたに愛されて
なぜか涙　目にあふれた　リラの花の咲くころ

★原曲は「白いニワトコの花が再び咲く時」というドイツの歌。1928年の作品だが、翌29年にフランスへ入って「リラの花咲く頃」というむシャンソンになり、エーメ・シモン・ジェラールという歌手が創唱。さらに1930年、日本では宝塚歌劇「パリゼット」の主題歌となり「スミレの花咲く頃」の題でヒットした。1974年に訳詩、同年岸洋子が録音。

ル・ネオン
Le néon

（作詩・作曲：Salvatore Adamo）

ル・ネオン　ル・ネオン
かがやく　街
わきおこる　ざわめき
うずをまく　人ごみ
はてしない　大都会
ちっぽけな　このぼく　ぼく　ぼく
ぼくはただ　むなしく
くちびるを　かむのさ

ル・ネオン　ル・ネオン
かがやく　街
たち並ぶ　ビルディング
バラ色のジャングル

街かどを　さまよって
夜もすがら　さがそう
変わらない　心と
ささやかな　のぞみを

ル・ネオン　ル・ネオン
かがやく　街
ブロードウェイの夜　まぼろしが
恋のロンド　おどるよ
騒がしい　ひびきに
眠られぬ　このぼく　ぼく　ぼく
ぼくはもう　すべてを
投げすてて　酔うのさ

アメリカ　あきれた
悪魔の　天国
おそろしい　街だが
すばらしい　ニューヨーク

ル・ネオン　ル・ネオン

★アダモの1967年の作品。同年出版社の依頼で訳詩。創唱は芦野宏。

わが心のアランフエス
Aranjuez mon amour

（仏語歌詩：Guy Bontempelli）
（作曲：Joaquin Rodrigo）

春が通り過ぎてゆくわ
そよ風に運ばれて
もう夏の声が　聞こえて来るわ

愛はバラのつぼみなのね
悲しみを知ったふたりの心に
そっとそっと芽生えるの
ひそかに開いた　花びらは
私たちの甘いロマンス

★スペインのギタリスト、ホアキン・ロドリゴが作曲したギター協奏曲「アランフエス協奏曲」第2楽章のメロディーにフランス語歌詩がつき、リシャール・アントニーの歌でヒットした。訳詩の創唱はソプラノ歌手今井久仁恵（1984年）。

わかっているの（よ）
Je le vois sur ton visage

（作詩：Jacques Demarny & Enrico Macias）
（作曲：Enrico Macias & Jean Claudric）

＜女性用＞

わかっているの　会った　だけで
黙っていても　すぐに　わかるの
あなたの思う　ことは　すべて
その顔みれば　すぐに　わかるの

うれしい時は　いつも　やさしく
抱いてくださる　あなた　だけど
悲しいことが　あった　時は
何も言わない　あなた　なのね
わかっているの　あなたの心は
とてもあなたを　愛しているから

たとえあなたの　愛が　さめて
別れを告げる　時が　来ても
何も言わずに　去って　行ってね
しあわせだった　ころの　ように
わかっているの　あなたの心は
とてもあなたを　愛しているから

わかっているの　会った　だけで
黙っていても　すぐに　わかるの
せつないほどに　すべて　わかるの
愛しているから　すぐに　わかるの

★エンリコ・マシアスが1967年に歌ったヒット。同年女性用を訳詩し、岸洋子が録音。彼女はＮＨＫ紅白歌合戦でもこれを歌った。→

私たちなしでも地球はまわる
La terre tournera sans nous

（作詩・作曲：Alain Barriére）

＜男性用＞

わかっているよ　Je le vois, je le vois
黙っていても　Je le vois, je le vois
君の心の　中は　すべて
その顔みれば　Je le vois, je le vois

うれしい時は　Je le vois, je le vois
胸のときめき　Je le vois, je le vois
悲しいことが　あった　時は
君の涙を　Je le vois, je le vois
わかっているよ　いくらかくしても
君を誰より　愛しているから

たとえふたりの　愛が　さめて
別れを告げる　時が　来ても
何も言わずに　去って　おくれ
しあわせだった　ころのように
わかっているよ　いくらかくしても
君を誰より　愛しているから

わかっているよ　Je le vois, je le vois
黙っていても　Je le vois, je le vois
せつないほどに　Je le vois, je le vois
愛しているから　Je le vois, je le vois

1967年マシアス来日の折り、日本語で吹き込むことになり、急遽男性用訳詩を書いた。同年マシアスが録音、1969年に布施明が録音。

この世はつづくわ　私が死んでも
あなたの心が　冷たくなっても
地球はまわるわ　私たちなしで
ふたりの恋など　はかないまぼろし

この世が夢なら　夢みて暮らすわ
ひときれの春を…
明日という名の　ささやかな夢を…
短い恋なら　なおさら燃えるわ
いのちのかぎりに…
今日という日を　悔いのない恋を…

この世はつづくわ　泣いても笑っても
まるで何ごとも　なかったように
でもこの幸せは　ふたりだけのものよ
愛し合うことが　生きるということ
地球はまわるわ　私たちなしで
愛する時間は　今しか…今しかないの
ふたりの愛こそ　すべて

★アラン・バリエールの1977年の作品。1981年に訳詩。のち椿井亘が創唱。

私の歌が終わる時
Cuando yo dejé de cantar

（作詩・作曲：Daniel Toro）

歌声が消えて
あたたかい拍手
そして幕が下りる
しあわせに満ちた
歌い手の人生
今それが終わる

何もかも捨てて
長い年月を
うたって来た私
かぞえ切れないほどの
思い出が残る
なつかしい舞台

私は今日かぎり
歌をやめるけれど
心に刻んで
あしたを生きよう
喝采のあらし
感激の涙
言葉につくせぬ感謝を

また会える日まで
さようなら諸君
ありがとう皆さん

★アルゼンチンのフォルクローレ歌手ダニエル・トロの作品。1990年、トリオ・ロス・チカノスが解散することになって、そのラスト・コンサートのために訳詩した。1996年、竹平明世が再演。

私の回転木馬
Mon manège à moi

（作詩：Jean Constantin）
（作曲：Norbert Glanzberg）

あなたは私の　回転木馬
抱きしめられたら　お祭り気分
世界一周でも　しているみたいに
ぐるぐる目がまわる　地球がまわる

なんてすてきなの　あなたとふたり
愛し愛される　この人生は
胸を寄せ合えば　聞こえて来るでしょう
祭りのざわめき　星のささやき

そうよ世の中には　苦労もあるけれど
地球のことなんか　どうでもいいのよ
だって私たち　愛し合っている
この世が終わるまで　命をかけて

そうよ　あなたは私の　回転木馬
抱きしめられたら　お祭り気分
世界一周でも　しているみたいに
ぐるぐる目がまわる　地球がまわる

世界一周でも　しているみたいよ
あなたは私の　回転木馬

★1958年にエディット・ピアフとイヴ・モンタンが録音してヒット。1960年に訳詩、のち一部を改作して長田弓枝が創唱（1997年）。

私の神様
Mon Dieu

（作詩：Michel Vaucaire）
（作曲：Charles Dumont）

モン・デュー　モン・デュー　モン・デュー
私に時間をください
恋に生きるための
時間がほしいのです
いつかあの人とふたりで
作りたいの　思い出を
だから消さないで
私の命の火を

モン・デュー　モン・デュー　モン・デュー
私に時間をください
恋に死ぬための
時間がほしいのです
すぐに別れが訪れ
地獄へおちてもいいから
モン・デュー　モン・デュー　モン・デュー
あしたという日をください
愚かな私の恋に

★エディット・ピアフが1960年に録音し、熱唱で知られる。訳詩の創唱と録音は花田和子（1992年）。

私の心はヴァイオリン
Mon cœur est un violon

（作詩：Jean Richepin）
（作曲：Miarka Laparceri）

私はヴィオロン　ふるえているの
あなたに抱かれ　弓でひかれて
時にはうたう　やさしい調べ
またある時は　悲しいメロディー

月の夜には　胸はせまり
いつもあなたを　夢に見るの
強くやさしい　腕の中で
いつしか恋に　酔いしれてゆくの

★女流作曲家ミアルカ・ラパルスリが、祖父の詩人ジャン・リシュパンの詩に節づけた1945年の作品。リュシエンヌ・ボワイエが歌って成功を収めた。1965年にジャクリーヌ・フランソワのために訳詩し、翌66年に岸洋子が録音した。

私の恋人、私のユダ
Mon ami, mon Judas

(作詩・作曲：Charles Aznavour)

ほかの人なら　許せることも
あなただから　許せないの
口先だけの　愛の言葉
いやになるほど　聞き飽きたわ
まるであなたは　魚みたいに
アヴァンチュールの　海を泳ぐ
裏切るための　愛を誓い
破るための　夢を与えて

あなたは　ユダよ
信じられない　もうだまされない
たとえあなたが　涙ぐむ瞳で
言いわけしても
やめてよ　お芝居は
月並みなセリフ　ぎごちない動き
うだつのあがらない　大根役者ね

ほかの人なら　別れたものを
あなただから　ついて来たの
うわべばかりの　愛の暮らし
つらい夜も　我慢したわ
まるで私は　小舟みたいに
寄せては返す　波にゆれる
裏切られても　愛しつづけ
身も心も　傷つけられて

あなたは　ユダよ
信じられない　もうだまされない
たとえあなたが　微笑みを浮かべて
抱いてくれても
やめてよ　お芝居は
いさかい合ったり　仲なおりしたり
変わりばえもしない　筋書きなのね

あなたはユダよ
そんな人でも　私は好きなの
たとえいつか　あなたに捨てられて
泣く日が来ても

つづけて　お芝居を
私を相手に　幕の降りるまで
あなたの役がらを　台本どおりに
そして　私を
十字架に　かけてよ

★アズナヴールの1980年の作品。1981年に訳詩し、栗原道子が創唱。2003年に伊藤ナオミが録音。

私の人生に来たあなた
Has llegado a mi vida

（作詩・作曲：作者不詳）

あなたは
夢みていた人
やさしく私を
愛してくれる

あなたを
この手にかたく
抱きしめていたい
あなたの胸の
ぬくもりが欲しい

（くりかえし）
　今あなたは
　私の人生に
　微笑みを与え
　生きがいをくださった

　今は
　あなたは私の
　命より大事な
　恋人なの

ふたりで
愛をはぐくんで
変わらぬきずなを
結びましょう

いつまでも
心を合わせ
幸福への道を
進みましょう
思い出を作りながら

★メキシコの歌。山口蘭子の依頼で訳詩。

私の天使
Un ange' comme' ça

（作詩：D.Hortis）
（作曲：Guy Magenta）

私の天使は　あの人
とってもすてきな　彼なの
その髪　その腕　ひとみもほくろも
すべては　私のものなの

私のアポロは　あの人
ほんとよ　信じてほしいわ
木かげにまどろむ　ギリシャの神より
はるかに　すてきな人なの

　あの人　知らないらしいの
　自分のすてきなことなど
　どんなにお金がなくても
　一文なしでも　平気よ

やさしく抱かれているとき
私はこんなに　しあわせ
休みの夜には　ダンスに行くのよ
私のすてきな　天使と…

私の天使は　あの人
とってもすてきな　彼なの
時には　誰かに　とられはせぬかと
私がやきもち　やいても
やさしい笑顔を浮かべて
私を見つめるあの人
私は悪魔で　あの人は天使
ふたりは似合いの恋人
ふたりは似合いの恋人

★リュシエンヌ・ドリールが歌って1955年にヒット。1964年に島崎雪子のために訳詩、初録音は仲マサコ。

私の何かが
Algo de mi

(作詩・作曲：Camilo Sesto)

なぜかせつない　私の心

愛していながら　仲を裂かれた
あなたと私は　ふたりでひとり
懐かしい名を呼べば　声さえかすれはて
思い出抱きしめて　まぎらす悲しさ

（くりかえし）
　　私の何かが
　　何かが死んでゆく
　　どうして　どうして
　　あなたはいないの

ここにはいつまでも　残してあるのよ
あなたの居場所を　昔のとおり
あてもなく待ちながら　いつしかまどろんで
うつろなこの部屋で　目ざめるむなしさ

（くりかえし）

★スペインのカミロ・セストが 1972 年に放った
ヒット。1978 年に訳詩、くみ・あおいが録音。

私は歌う
Canto

(作詩・作曲：Patxi Andion)

この歌を届けたい　風に乗せて
懐かしいふるさとの野山へ
この歌がきびしい畑仕事の
ひと時を慰めるものなら
苦しみをやわらげ　悲しみをいやして
幸せを夢みる　そのために歌うの

この歌を贈りたい　花に添えて
人知れず愛し合うふたりへ
この歌がどんなに激しいあらしも
乗り越えるはげましとなるなら
貧しさをしのんで　明日の日を信じて
とこしえに愛する　そのために歌うの

この歌を捧げたい　心こめて
みんなとの和やかなつどいに
この歌が世の中の人と人との
あたたかいきずなともなれたら
かたく手を結んで　道を切りひらいて
人生を生きぬく　そのために歌うの
高らかに歌うの　声かぎり歌うの
私は歌うの

★スペインのパツィ・アンディオンの 1972 年
の作品。訳詩は 1978 年。録音は竹平梨乃、
春日智重子ほか。

私は幸せ
Yo soy feliz

(作詩・作曲：Humberto Estrada Olivos)

幸せよ
やっとあなたに会えたから
愛さずにはいられない
すてきな人に会えたから

幸せよ
やっと希望を持てたから
愛する人と分かちあう
すてきな夢を持てたから

こんなにこんなに好きなのよ
悩みも嘆きも捨て去って
生まれ変わるのもう一度
あなたの愛をかちとって

こんなにこんなに好きなのよ
ほかの人など愛せない
走り出したい泣きながら
あなたの名前を叫びたい

ずっと私は待っていたわ
この寂しさを慰めて
涙をぬぐってくれる人を

ずっとあなたを待っていたわ
幸せな明日(あした)の夢を
かなえてくれる恋人を…
恋人を…あなたを…

★グァダルーペ・ピネーダが歌ったメキシコの歌。2003年に訳詩、山口蘭子が録音。

私もういやよ (何も私に残らない)
No me queda nada

(作詩・作曲：Johnny Albino)

ノー、ノー
何も私に　残っていないの？
やさしい言葉も
思い出さえも

あの夜のロマンスは
あやまちだったの？
あなたと私の道は
別れてゆくのね

せめてもう一度
私を愛して
過ぎた日を忘れて
はてしない恋を
夢みるために

★トリオ・ロス・パンチョスのリード・ヴォーカルだったジョニー・アルビノ作のボレロ。1962年、坂本スミ子のために訳詩。

私は待っていた
J'attendais

（作詩・作曲：Jean Jacques Goldman）

耳を傾けて　聞いていた
泉のせせらぎ　風の歌
波のように寄せ返す
幼い日の
やさしい思い出

来る日も来る日も　夢をみた
何も知らず　暮らしていた
燃えるような恋も
別れのつらさも

あなたと出会い
初めて知ったの

待っていたわ　待っていたわ
待っていたのよ　その瞳を
昨日にさよなら
告げるために

待っていたわ　待っていたわ
あなたの手を　そのぬくもりを
あしたに向かって
進むために

あらし吹きすさぶ　青春は
若い血の　騒ぐまま
たわむれの恋におぼれて
傷ついた　思い出

もちろん人は　運命に
さからえないと　わかってるわ
でも私は時々
何もかも捨てて
生まれ変わりたいと
思ったの

待っていたわ　待っていたわ
待っていたのよ　その瞳を
昨日にさよなら
告げるために

待っていたわ　待っていたわ
あなたの愛を　すてきな愛を
すべてを捧げて
生きるために

待っていたわ

★セリーヌ・ディオンが1995年に歌った。1999年に訳詩、創唱と録音は林みき。

私を悩ます男たち
Uomini addosso

（作詞：Valerio Negrini）
（作曲：Robby Focchinetti）

私を悩ます　あの男たち
いつでもどこでも　つきまとって離れない
写真でもとられて　スキャンダルになれば
どうしてくれるの　私は燃えてもいないのに

結婚してほしいと　言った男も
真珠の指輪　くれた彼も
夜明けになったら　立ち去ってゆく
何もなかったように　自分の家へ帰るのよ

男はみんな　嘘つきばかり
その場だけの　殺し文句
女はみんな　だまされ上手
うわべだけの　涙芝居

やめてよ私に　つきまとうのは
お行きよどこかへ　悩まさないでね私を

（コーラス）
　　　死にたくなるほど
　　　愛している
　　　言ってよウンとひと言
悩まさないでね私を

（コーラス）
　　　言ってよウンとひと言
駄目なの

（以下くりかえし）

★ 1993 年にミルバが録音したカンツォーネ。1995 年に訳詩して、さわち美欧が創唱。2003 年に伊藤ナオミが録音。

ワルソーのピアニスト
Le pianiste de Varsovie

（作詞：Pierre Delanoë）
（作曲：Gilbert Becaud）

いつまでも　このメロディーが胸に残る
それはショパン　懐かしいショパン
そしてワルソー
私の大好きな　あのショパン
なぜかしら　いつでも思い出す　あのころ

広場に鳩は舞い　庭には花咲く
平和なあの家で　あなたが弾いてた
静かにやさしく　奏でるその指は
私に告げてた　ふたりの幸せ
高鳴るコンチェルトに
ときめく心は　喜びあふれて
流れ出る恋が　ふたりを結んだ

聞こえ来る足音は　戦いの足音か
そして　あの人もこの恋も
泣きながら死んでゆき
やがて　遠い空に消えた

今はただ　むなしい思い出のワルソー
広場に鳩は舞い　庭には花咲く
平和なあの家であなたが……弾いてた……

★ ジルベール・ベコーが 1956 年に発表した。1963 年に訳詩、創唱と録音は岸洋子。

永田文夫プロフィール
（シャンソン関係のみ）

1927年	大阪市生まれ。
1945年	京都大学工学部へ入学。10年間京都に住んだのち、1955年東京に移る。中学ではハーモニカ・バンドに所属、高校時代はヴァイオリンを学び、コーラスのメンバーとして、朝日会館にも出演。
1952年	京都でシャンソン同好会を発足し、レコード・コンサートを開催。同年大阪労音ポピュラー部門新設にともない、事業部委員に迎えられて芦野宏の初ステージ「アルゼンチン音楽の夕べ」(1953年)などに参画。54年、約70名の愛好家を結集して京都シャンソン友の会を設立し、毎月レコード・コンサートを主催。
1956年	東京駅八重洲口のナショナル・ショー・ルームで毎月シャンソンのレコード・コンサートを構成、DJを務める。
1957年	有限会社「シャンソン社」を設立し、代表取締役として月刊誌「シャンソン」を創刊、全国の書店で販売。本場の情報を伝えるとともに野上彰や山口洋子らの詩、谷川俊太郎、寺島尚彦の新作楽譜などを掲載。この頃から各レコード会社の依頼でシャンソン・ラテンのライナーズ・ノーツ（約3000枚）や歌詞対訳（数百枚）を執筆。
1960年	シャンソン・ラテンの訳詩を始め、以後約1300曲を訳し、300曲がレコード化。
1963年	評論家仲間とともに「音楽執筆者協議会」（現ミュージックペンクラブ）を設立し、委員に就任（のち2期にわたって会長）。同年、日本訳詩家協会が設立され、その後委員を経て現在第4代会長。
1965年	岸洋子が歌った「恋心」のレコードが年間最高ベスト・セラーを記録。この頃から民放各社に数百本の放送番組を構成し、台本を執筆。
1966年	契約に来日したシャルル・アズナヴールの依頼で「愛は燃えている」を訳詩。
1967年	初来日のエンリコ・マシアスに「わかっているよ」の訳詩を教え、以降親交を結ぶ。『世界の名曲とレコード～シャンソン・カンツォーネ編』を誠文堂新光社より発行。

1968年	NHKに招かれ、FM実験放送の段階から（本放送開始は69年）以降20年にわたって音楽番組のDJを担当するほか、多数のシャンソン・ラテン関係の番組を構成。
1970年	大阪万博開催に伴い、渡辺プロの依頼でジルベール・ベコーやマレーネ・ディートリッヒらの招聘に協力。
1980年	ドニーズ・ガッシオン著『わが姉エディット・ピアフ』を翻訳、誠文堂新光社より発行。1982年から数年間、200名収容のビクター・ミュージック・プラザ（高田馬場）で、毎月コンサートをプロデュース、瀬間千恵、花田和子、栗原道子、島本弘子、井関真人、岸本悟明ほかのリサイタルを主催。
1983年	産経新聞社を通じて三越の岡田社長に依頼され、三越ロイヤル・シアター（のち三越劇場）で、ゲストに石井好子、高英男、芦野宏、中原美紗緒、深緑夏代ほかを迎えて毎年数回シャンソン主体のコンサートをプロデュース、現在も継続中。
1984年	博品館劇場で連続6日間「永田文夫訳詩リサイタル」を開催。『世界の名曲とレコード〜シャンソン』を誠文堂新光社より発行。
1986年	名古屋と大阪に「永田文夫シャンソン研究所」を創設し、新人を養成。淡谷のり子と組んでトーク・ショーを交えたコンサートを企画、京都音協、名古屋エルムほかで公演。1985年から1997年まで、文化庁芸術祭審査委員、芸術選奨選考委員を歴任、その間に高英男の紫綬褒章授賞、深緑夏代・島本弘子らの芸術祭音楽章授賞に尽力。
1997年	厚生年金会館大ホールで「永田文夫音楽生活45年記念コンサート」開催。同年NHK文化センター横浜教室の講師に招かれ、「魅惑のシャンソン」と題する講座を開講、現在第450回を数える。その他、NHKホール、京都府立文化芸術会館、京都会館、埼玉会館大ホール、けやきホールのコンサートなど、構成、演出多数。

現在　日本訳詩家協会会長　日本音楽著作家団体協議会委員
日本音楽著作権協会正会員　季刊「シャンソンマガジン」編集長　ほか

歌う歓び、生きるよろこび
シャンソン・カンツォーネ・ラテン
増補版 永田文夫訳詩集

2016年5月30日 初版第1刷発行

著　者　　　永田　文夫
発行所　　　㈱アーバンプロ出版センター

〒 182-0006　東京都調布市菊野台 2-23-3-501
TEL 042-489-8838　FAX 042-489-8968
http://www.urban-pro.com　振替 00190-2-189820

DTP・装丁　　㈱アーバンプロ
印刷・製本　　シナノ

©Fumio Nagata 2016　Printed in Japan　ISBN9784899812616　C0076